Das Alter *bewusst* genießen

Was du *heute* tun kannst, um dich *morgen* noch jung zu fühlen

JOYCE MEYER
MINISTRIES

Titel der Originalausgabe: How to Age Without Getting Old
Originalverlag: FaithWords Hachette Book Group, New York, U.S.A.

Postfach 76 10 01
22060 Hamburg
www.joyce-meyer.de
Tel. +49 (0) 40/88 88 4 11 11

Print-ISBN: 978-3-948795-13-9
ePub-ISBN: 978-3-948795-59-7

Bestellungen bitte an die oben stehende Adresse richten.

1. Auflage Mai 2022

Bibelzitate wurden meist folgender Bibelausgabe entnommen:
Neues Leben. Die Bibel, © der deutschen Ausgabe 2002 / 2006 / 2017 SCM R.Brockhaus in der SCM Verlagsgruppe GmbH, Max-Eyth-Str. 41, 71088 Holzgerlingen

Sonstige verwendete Bibelausgaben:
NGÜ: Bibeltext der Neuen Genfer Übersetzung, ©2011 Genfer Bibelgesellschaft
SLT: Bibeltext der Schlachter, ©2000 Genfer Bibelgesellschaft

Übersetzung: Doris C. Leisering
Lektorat: Esther Keith / Christiane Szameit
Layout: Jannika Helm / Julian Kaspereit
Satz: Satz & Medien Wieser, Aachen
Druck und Verarbeitung: CPI books GmbH

Inhalt

Einleitung 7
1 Aus Erfahrung lernen – Teil 1 11
2 Aus Erfahrung lernen – Teil 2 22
3 Reifen, nicht rosten 30
4 Langsamer altern 43
5 Zu einem neuen Normalzustand finden 60
6 Kannst du immer tun, was du immer getan hast? 71
7 Ein gesundes Verständnis von Stress 79
8 Geistlich stark bleiben 88
9 In Würde älter werden 99
10 Gottes Willen erkennen 107
11 Ausruhen lernen 116
12 Angst vor dem Unbekannten 127
13 Hör auf deinen Körper 136
14 Es ist nie zu spät, etwas Großes zu tun 144
Zum Schluss 155
Hast du eine Beziehung zu Gott? 156

Einleitung

Kannst du dich noch erinnern? Du warst sehr jung, hast jemanden angeschaut, der über 50 oder 60 Jahre alt war, und hast dir gedacht: »Ist der/die *alt*!« Als Teenager oder Twens können wir uns nicht vorstellen, 75 Jahre alt zu sein. Aber irgendwann wird es wahrscheinlich so sein. Die Jahre vergehen für jeden. Manche Menschen meistern die Veränderungen, die mit dem Älterwerden einhergehen, würdevoll – doch viele tun es nicht. Wenn wir vor dem Altern Angst haben, uns davor sogar graut, oder wir uns weigern, es uns überhaupt einzugestehen, ändert das nichts an der Tatsache, dass es geschieht. Wenn wir uns darüber Sorgen machen oder es ignorieren, wird es jedenfalls nicht leichter, sondern eher schwieriger.

Ich glaube fest daran, dass wir alle Jahre genießen sollten, die Gott uns schenkt. Dazu müssen wir uns auf die späteren Jahre des Lebens vorbereiten. Je früher wir mit dieser Vorbereitung beginnen, desto leichter wird es sein und desto besser werden die Ergebnisse ausfallen.

Ich glaube fest daran, dass wir
alle Jahre genießen sollten,
die Gott uns schenkt.

Als jüngere Erwachsene und auch noch bis in die mittleren Jahre sind wir voller Träume und Pläne für die Zukunft. Wir denken meist nicht übers Älterwerden nach. Aus irgendeinem Grund geben wir uns dem Irrglauben hin, dass wir immer jung bleiben werden. Mein jüngstes Kind ist gerade 40 Jahre alt geworden, und keiner von uns kann glauben, dass unser Nesthäkchen 40 ist! Doch so ist es, und er wird vielleicht feststellen, dass dieses Alter einige kleinere Veränderungen und Anpassungen erfordert.

Es ist verständlich, nicht über das Älterwerden nachdenken zu wollen. Allerdings entstehen Probleme, wenn Menschen nicht bereit sind, die Veränderungen vorzunehmen, die jede neue Lebensphase erfordert, und sie stattdessen unklug mit ihrer Gesundheit und ihrer Zeit umgehen. »Beschäftigtsein« ist die Krankheit des 21. Jahrhunderts und sie verursacht Stress. Ignoriert man Stress zu lange, wird das langfristig oder sogar permanent negative Folgen nach sich ziehen. Es wird sich darauf auswirken, wie wir uns fühlen und was wir im Alter noch in der Lage sind zu tun.

Wir können aus den Erfahrungen derer lernen, die uns vorangegangen sind. Ich hoffe, dieses Buch wird dir einige Lektionen aus meinem Leben vermitteln. Mein Ziel auf diesen Seiten ist es, offen über die Erfahrungen und das Wissen zu sprechen, das ich im Laufe der Jahre in Bezug auf das Älterwerden gesammelt habe. Ich hoffe, mein Buch wird dir helfen, einige der Fehler zu vermeiden, die ich gemacht habe, damit du gut älter werden und das Alter genießen kannst. Wir können nichts daran ändern, dass wir alle zwölf Monate ein Jahr älter werden, aber es gibt *vieles*, was wir tun können, um zu verhindern, dass wir »alt werden«.

Sprich jetzt bitte einmal laut: »Ich
werde mich vor den Jahren, die
vor mir liegen, nicht fürchten.«

Sprich jetzt bitte einmal laut: »Eines Tages werde ich 75 Jahre alt sein, und dann 80 und vielleicht 90, je nachdem, wie viele Jahre Gott mir schenkt. Ich werde mich vor den Jahren, die vor mir liegen, nicht fürchten.«

Ganz gleich, wie jung du gerade bist: Ich glaube, es ist wichtig, dass du über deine späteren Jahre nachdenkst. Ich möchte dich ermutigen, dich darauf zu freuen und zu glauben, dass das Leben – auch wenn es anders sein wird, wenn du älter bist – immer noch sehr, sehr gut sein kann.

Vielleicht wird dir beim Lesen auffallen, dass ich dieses Buch nicht mit seitenlangen Statistiken über das Älterwerden gefüllt habe. Solltest du dich dafür interessieren, kannst du sie leicht im Internet finden. Ich habe einige von ihnen als sehr negativ empfunden. Ich will nicht davon ausgehen, dass mein Körper und Verstand in einem bestimmten Alter aufhören zu funktionieren, nur weil das von den Experten so vorausgesagt wird. Ich möchte sehen, was Gott mit mir vorhat. Ich glaube, er hat einen individuellen Plan für jeden von uns und für den Verlauf unseres Lebens. Wenn wir seiner Wegweisung folgen, werden wir zur richtigen Zeit an den richtigen Platz gelangen.

Ich will nicht davon ausgehen, dass mein Körper und Verstand in einem bestimmten Alter aufhören zu funktionieren, nur weil das von den Experten so vorausgesagt wird.

Bevor du weiterliest, möchte ich dich herausfordern, dir selbst eine wichtige Frage zu stellen: Wirst du einfach »alt werden« oder willst du würdevoll, zielgerichtet und weise altern und Gott erlauben, dich in jeder Phase deines Lebens zu gebrauchen? Wenn du das tust, glaube ich, dass deine späteren Jahre absolut wunderbar sein können und du sie von ganzem Herzen genießen kannst.

»Schlüssel zur Freude in jedem Alter:
Lebe einfach.
Gib großzügig.
Empfange liebenswürdig.
Bleib dankbar.«

P. C. F.*

---

* Alle nachfolgenden Zitate mit Namenskürzel sind Aussagen von Menschen aus Joyce Meyers Bekanntenkreis.

KAPITEL 1

Aus Erfahrung lernen – Teil 1

Erfahrung besitzt eine Schönheit und Weisheit, die man nicht vortäuschen kann.

Amy Grant

Wenn ich dich bitten würde, mir von deinen Lebenserfahrungen zu erzählen, wie würde dieses Gespräch verlaufen? Würdest du mir Geschichten von einer glücklichen Kindheit erzählen, von deinen Träumen und Enttäuschungen oder mir Fotos von deiner Familie zeigen? Würdest du dich an die Herausforderungen erinnern, die du gemeistert hast, und an die Lektionen, die du gelernt hast? Würde ich Dankbarkeit für alles, was Gott in deinem Leben getan hat, heraushören? Würde ich Angst oder Sorge über die vor dir liegenden Tage wahrnehmen oder würde ich Frieden, Glauben und eine positive Einstellung im Hinblick auf die Zukunft heraushören? Die Lebenserfahrungen jedes Menschen sind unterschiedlich und Gott kann sie alle gebrauchen. In diesem und im nächsten Kapitel möchte ich gern von einigen der Erfahrungen berichten, die mich dazu veranlasst haben, dieses Buch zu schreiben.

Eine lange Reise beginnt

Als Kind und Teenager wurde ich regelmäßig von meinem Vater sexuell missbraucht. Ich bin sicher, dass diese belastenden Erfahrungen mir einen Großteil meiner Energie raubten, bevor ich überhaupt die Chance hatte, sie richtig zu nutzen. Jahrelang dachte ich, dass ich diese schreckliche Zeit des Missbrauchs aus eigener Stärke und Entschlossenheit überstanden hatte. Heute weiß ich, dass es Gott war, der mir die Kraft zum Durchhalten schenkte.

Ich kann mich erinnern, dass es mir im Verlauf meines Lebens immer wieder körperlich schlecht ging. Das Ganze begann etwa im Alter von 18 Jahren. Ich zog von zu Hause aus, als ich volljährig war, und heiratete auch mit 18 – interessanterweise fingen im gleichen Jahr meine gesundheitlichen Probleme an. Meine erste Ehe kann ich nicht anders als schlecht und extrem stressig beschreiben. Zweimal verließ mein Mann mich. Ich musste auch mit seinen zahlreichen außerehelichen Affären, seiner Arbeitslosigkeit und seinen gewohnheitsmäßigen Diebstählen zurechtkommen.

Schon bald suchte ich Ärzte auf und fragte sie, warum ich mich so oft nicht gut fühlte. Sie versuchten mir zu erklären, dass meine körperlichen Symptome stressbedingt waren, aber ich weigerte mich, »Stress« als ernsthafte Diagnose anzunehmen. Der Grund, weshalb auch nur die Erwähnung von Stress, Nervosität oder einem emotionalen Zusammenhang mit meiner körperlichen Verfassung für mich nicht akzeptabel war, lag darin, dass meine Mutter ihr Leben lang Probleme mit Angstzuständen hatte und schließlich einen Nervenzusammenbruch erlitt. Ich dachte, stressanfällig zu sein bedeutete, dass ich schwach sei und das Leben nicht bewältigen könne – und ich wollte nicht, dass irgendjemand mich so wahrnahm.

Mittlerweile vermute ich, dass übermäßiger Stress die Ursache für viele gesundheitliche Probleme ist. Ich selbst habe stressbedingte Krankheiten erlebt und kenne andere Menschen, denen es genauso ging. Auf die Verbindung zwischen Stress und Gesundheit werde ich in diesem Buch noch näher eingehen, doch für den Moment möchte ich einfach sagen, dass die Symptome vieler Krankheiten echt sind, aber ihre eigentliche Ursache – oder zumindest ein starker Einflussfaktor auf viele davon – Stress ist.

Nach meiner Scheidung im Alter von 22 Jahren stand ich mit meinem ersten Kind allein auf der Welt da. Ich hatte niemanden, an den ich mich wenden konnte, und lebte in einem Dauerzustand von unterschwelliger Angst und Sorge. Ich konnte meinen Vater um Hilfe bitten, doch ich wusste, dass das noch mehr Missbrauch bedeuten würde – also vermied ich es so lange, wie ich nur irgend konnte.

Mittlerweile vermute ich, dass übermäßiger Stress die Ursache für viele gesundheitliche Probleme ist.

Am Ende musste ich für kurze Zeit zurück in mein Elternhaus ziehen. Während dieser Zeit lernte ich Dave kennen und wir heirateten. Er war schon immer ein geduldiger und liebevoller Mann, aber ich war innerlich so kaputt und meine Seele aufgrund meiner Vergangenheit so verwundet, dass ich nicht wusste, wie ich Dave oder irgendetwas anderes im Leben genießen konnte. Mir war nicht klar, dass all der Stress, den ich durchgemacht hatte, meinen Körper stark strapaziert hatte. Doch weil ich noch jung war und die Energie eines jungen Menschen besaß, machte ich immer weiter, obwohl ich zunehmend mit gesundheitlichen Problemen zu kämpfen hatte.

Beschäftigt ohne Ende

Als Dave und ich heirateten, adoptierte er meinen Sohn David, und wir bekamen bald noch zwei Kinder, beides Mädchen. Binnen weniger Jahre hatten wir drei Kinder unter sechs Jahren, lebten in einer kleinen 3-Zimmer-Wohnung und hatten kaum Geld, um über die Runden zu kommen. Als wir beschlossen, unser erstes Haus zu kaufen, brauchte ich eine Arbeitsstelle, um den Kauf zu ermöglichen. Damit kam der Stress einer Vollzeitbeschäftigung noch zu allen anderen Aufgaben, die das Leben als junge Ehefrau und Mutter mit sich brachte, hinzu. Ich trank viel zu viel Kaffee, rauchte eine Schachtel Zigaretten am

Tag, schlief etwa sechs Stunden pro Nacht und regte mich ständig über irgendetwas auf. Obwohl ich es damals nicht wusste, hatte ich auch einen angeborenen Hüftfehler. Mein rechtes Hüftgelenk war länglich statt rund, also passte der Knochen nicht richtig in die Pfanne und verursachte Rückenprobleme, die bereits in meinen Teenagerjahren begonnen hatten. Glücklicherweise wurde das irgendwann durch ein künstliches Hüftgelenk behoben, doch erst im Jahr 2017. Von meinen Teenagerjahren bis Anfang 70 hatte ich Rückenschmerzen und war ständig beim Chiropraktiker zum Einrenken.

Obwohl ich seit meiner Kindheit an Jesus glaubte, fehlte mir jahrelang eine echte Beziehung zu ihm. Doch 1976, als ich 33 Jahre alt war, begann sich das zu ändern. Gott zog mich zu sich und schenkte mir eine Liebe und Leidenschaft für die Beschäftigung mit seinem Wort. Infolgedessen begann ich zu erkennen, dass ich viel Veränderung in meinem Leben brauchte, um die Probleme zu lösen, mit denen ich zu kämpfen hatte. Über einen längeren Zeitraum hinweg empfing ich von Jesus viel Heilung für meine Seele und manche Aspekte meines Lebens verbesserten sich. Allerdings hatte ich immer noch keine Ahnung, was »Ausruhen« bedeutete. Die Worte »Ich kann nicht« konnte ich kaum aussprechen. Ich war zutiefst unsicher und dachte, dass mein Wert von dem abhing, was ich durch harte Arbeit hervorbringen konnte – also arbeitete ich die meiste Zeit.

Als ich 36 Jahre alt war, hatten Dave und ich mittlerweile unser viertes Kind bekommen, und Gott hatte uns in den geistlichen Dienst berufen. Etwas Neues anzufangen, bedeutet meist harte Arbeit, und im geistlichen Dienst ist das nicht anders. Wir begannen mit nichts und über einen Zeitraum von 40 Jahren haben wir durch Gottes Gnade eine internationale christliche Organisation aufgebaut, die auf der ganzen Welt mit Fernsehprogrammen und anderen Medien, Büchern, Konferenzen und Vorträgen tätig ist.

Als sowohl meine Familie als auch unsere Arbeit wuchsen, arbeitete ich nicht nur körperlich, sondern auch innerlich, indem ich mich sorgte, plante, mir Gedanken machte, hin und her überlegte und über die Lehrvorträge nachdachte, die ich vorbereitete. Die meisten von uns können eine gewisse Zeit so leben, doch früher oder später holt es uns ein und das Leben wird immer schwieriger.

Wir können nicht immer wieder dasselbe tun und andere Ergebnisse erwarten.

Ich erinnere mich noch, wie ich zum ersten Mal wirklich krank wurde. Ich hatte keine Energie für irgendetwas, doch durch gesunde Ernährung und einige Veränderungen in meinem Lebensstil erholte ich mich relativ schnell. Allerdings lernte ich nichts aus dieser Erfahrung – ich tat einfach weiter, was ich immer getan hatte, und wurde am Ende wieder krank. Wir können nicht immer wieder dasselbe tun und andere Ergebnisse erwarten.

Kopfschmerzen und Hormone

Jenseits der 40 begann ich im Zusammenhang mit hormonellen Veränderungen unter Migräne zu leiden. Diese Phase dauerte etwa zehn Jahre an. Manche Experten sagen, dass ein hormonelles Ungleichgewicht Stress verursachen kann, andere sagen, dass Stress ein hormonelles Ungleichgewicht verursachen kann. So oder so ist Stress etwas, das wir erkennen und bewältigen müssen. Meiner Meinung nach ist übermäßiger Stress eine Ursache für aus dem Gleichgewicht geratene Hormone – oder selbst wenn er nicht *die* Ursache ist, er verstärkt zumindest das Problem.

Es ist sehr wichtig, dass eine Frau bei guter Gesundheit ist, wenn sie in die Wechseljahre kommt. Für die meisten Frauen geschieht das irgendwann zwischen 45 und 55, doch bei manchen Frauen beginnt es schon in den 30ern oder 40ern und für andere erst mit 60 Jahren. Bei dem, was ich bei meinen Freundinnen beobachtet habe, ist mir aufgefallen, dass manche Frauen gar keine Probleme mit den Wechseljahren haben. Sie bekommen einfach nicht mehr ihre Regel und führen ihr Leben ganz normal weiter. Doch andere haben große Probleme. Hitzewallungen, Gewichtszunahme, Nachtschweiß, Schlafstörungen, Stimmungsschwankungen, Reizbarkeit, Kopfschmerzen und einfach Unwohlsein sind alles weitverbreitete Symptome. Warum erleben manche Frauen die Wechseljahre als eher unproblematisch, während andere sehr darunter leiden? Ich glaube, ein Grund ist ihr allgemeiner Gesundheitszustand, wenn die Wechseljahre eintreten, und unter wie viel Stress sie stehen.

Warum erleben manche Frauen die Wechseljahre als eher unproblematisch, während andere sehr darunter leiden?

Meine Wechseljahre waren sehr schwierig, weil ich bereits wenig Energie und keine gute Ernährungsweise hatte, als sie begannen. Aufgrund meiner Vergangenheit sowie der harten Arbeit, die unsere Organisation am Anfang erforderte, stand ich außerdem sehr unter Stress. Ich habe ein Nebennierenadenom oder auch eine Nebennierendysplasie (die Nebennieren steuern die Hormone in unserem Körper). Das bedeutet, dass ich einen kleinen gutartigen Tumor in meiner linken Nebenniere habe. Die Ärzte haben mir geraten, diesen nicht entfernen zu lassen, weil es zu riskant ist. Ich habe gelesen, dass manche Ärzte sagen, dass ein Nebennierenadenom keinerlei Probleme verursacht, doch mein Arzt glaubt, dass es die Hormonausschüttung in meinem Körper beeinträchtigt und einige meiner gesundheitlichen Probleme hervorgerufen hat.

Ich besitze eine starke Persönlichkeit und viel Entschlossenheit, also machte ich immer weiter, auch wenn ich mich nicht gut fühlte. Ein Arzt sagte mir, mein Geist sei stärker als mein Körper. Das heißt, ich besaß die Fähigkeit, immer weiterzumachen, ganz gleich, wie schlecht ich mich fühlte oder wie müde ich war.

Mein Geist war stärker
als mein Körper.

Wie ich mich in jenen Jahren fühlte, kann ich nur so beschreiben: Ich konnte mich nicht entspannen, kämpfte oft mit schrecklichen Kopfschmerzen und war erschöpft. Obwohl mein Arzt auch in jenem Fall sagte, dass es am Stress lag, weigerte ich mich, Medikamente zu nehmen, die mir hätten helfen können. Schließlich war ich stark im Herrn und glaubte an seine heilende Kraft – also trieb ich mich weiter an.

Zwei Gesundheitskrisen in fünf Jahren

1980 wurde mir die Gebärmutter entfernt, weil ich extrem starke Blutungen und Schmerzen hatte. Ungefähr 1985 war ich bei einer regulären Brustuntersuchung im Rahmen meines jährlichen Check-ups und zu meiner großen Überraschung stellte sich heraus, dass ich einen bösartigen Tumor hatte. Glücklicherweise war er nur klein. Allerdings war es ein schnell wachsender, östrogenempfindlicher Tumor, sodass mir die Brust abgenommen werden musste. Das war damals die Behandlung der Wahl. Da die Lymphknoten nicht befallen waren, brauchte ich keine Bestrahlung oder Chemotherapie, wofür ich extrem dankbar war und es auch heute noch bin. Jedes Jahr, wenn ich höre, dass die Mammografie nichts ergeben hat, bin ich sehr dankbar. Mehr als 30 Jahre sind seit jener besonderen Gesundheitskrise vergangen und ich danke Gott für jedes einzelne Jahr.

Durch die Entfernung meiner Gebärmutter kam ich früh in die Wechseljahre und aufgrund meiner Brustkrebserkrankung konnte ich keine Hormone gegen die Beschwerden nehmen. Dies war eine schwierige Zeit für mich. Doch während jener gesundheitlichen Herausforderungen hielt ich nie lange genug inne, um mich angemessen auszuruhen und meinen Körper heilen zu lassen. Ich versuchte, mich zu entspannen, wenn ich nicht gerade eine Konferenz abhielt, doch selbst wenn ich im Sessel saß oder mich zum Ausruhen hinlegte, blieb ich innerlich beschäftigt. Ich erlaubte meiner Seele (meinem Denken, meinem Willen und meinen Emotionen) nie, zur Ruhe zu kommen. Ich war ständig damit beschäftigt, nachzudenken, zu planen, mir Sorgen zu machen und zu versuchen, Entscheidungen zu treffen.

Ich erlaubte meiner Seele nie, zur Ruhe zu kommen. Ich war ständig damit beschäftigt, nachzudenken, zu planen, mir Sorgen zu machen und zu versuchen, Entscheidungen zu treffen.

Inzwischen war unsere Organisation gewachsen, und wir hatten aufgrund unserer weitreichenden Fernseharbeit sogar in mehreren Ländern außerhalb der USA Büros eröffnet. Wir beschäftigten circa 900 Personen, die ein Gehalt brauchten und erwarteten. Ich sah keine andere Möglichkeit, als weiterzumachen, denn unser Einkommen war von meiner Vortragstätigkeit abhängig. Das dachte ich zumindest. Mein Terminkalender war in dieser Phase so voll, dass ich selten mehr als ein paar Tage am Stück zu Hause war. Ich hatte so lange auf Gelegenheiten gewartet, die Bibel zu lehren, dass ich jede davon als eine Tür betrachtete, die Gott mir geöffnet hatte.

Natürlich stimmt es, dass Gott uns Gelegenheiten schenkt, doch es ist genauso wahr, dass nicht jede Tür, die sich öffnet, notwendigerweise eine ist, durch die wir gehen sollen. Wir müssen weise Entscheidungen treffen, wenn es um das geht, was wir tun oder lassen wollen. In meinem Buch *In Search of*

Wisdom erwähne ich, wie eine meiner Freundinnen hinsichtlich ihrer Aufgaben Weisheit walten lässt:

> *Einmal fragte ich eine Freundin, die ebenfalls im geistlichen Dienst steht, wie sie entscheidet, welche Anfragen für Vorträge sie annimmt und welche sie ablehnt. Sie erzählte mir, dass sie, bevor sie auf eine Einladung antwortet, jedes Detail dafür durchdenkt und überlegt, welcher Aufwand damit verbunden sein wird. Sie denkt darüber nach, wie lange sie von zu Hause fort sein wird, welche Vorbereitungszeit sie investieren und wie weit sie reisen muss. Obwohl das alles logistische Fragen sind und keine, die mit ihrem Dienst an sich zu tun haben, ist es klug, diese Fragen zu stellen. Wenn wir keine derartigen Fragen stellen, kann es sein, dass wir uns zu etwas verpflichten und uns dann später darüber beklagen und uns davor graut, weil wir die damit verbundenen Details nicht bedacht haben. Es ist immer besser, über eine Verpflichtung zu beten und nachzudenken, bevor man eine Antwort gibt.*

Natürlich stimmt es, dass Gott uns Gelegenheiten schenkt, doch es ist genauso wahr, dass nicht jede Tür, die sich öffnet, notwendigerweise eine ist, durch die wir gehen sollen.

Ich wünschte, ich hätte in jener Zeit, als mein Terminkalender zum Bersten voll war, das gewusst, was meine Freundin wusste. Ich war extrem beschäftigt – genau genommen zu beschäftigt –, weil ich noch nicht gelernt hatte, Nein zu sagen. Menschen, die nicht Nein sagen können, enden meist mit übervollen Terminkalendern und leiden unter den Auswirkungen von Stress. Der Hauptgrund, warum viele Menschen sich übernehmen, ist, dass sie es anderen recht machen wollen. Wir müssen allerdings Menschen sein, die Gott gefallen, nicht anderen Menschen.

In jener Zeit ging es mir nicht ständig schlecht, aber auf jeden Fall häufiger, als es hätte sein sollen. Ich liebte es, die Bibel zu lehren, und das ist noch immer so. Ich war voller Träume und Visionen für die Zukunft und sehr leidenschaftlich bei allem, was ich tat. Wenn wir uns für eine Sache begeistern, gibt uns diese Leidenschaft die Entschlossenheit, alles zu tun, was nötig ist, um es zu erreichen. Meine Freude daran, die Bibel lehren und Menschen helfen zu können, war größer als jedes körperliche Unwohlsein. Deshalb ignorierte ich normalerweise, wie ich mich fühlte.

Wir müssen Menschen sein, die Gott gefallen, nicht anderen Menschen.

Vielleicht kannst du dich in vielerlei Hinsicht mit meiner Geschichte identifizieren. Ich spreche so offen mit dir über mein Leben hinter den Kulissen, damit du, wenn es dir auch so geht, weißt, dass du nicht allein bist und dass auch du Antworten finden und ein angenehmes, fruchtbares Leben führen kannst.

»Ich möchte jüngere Menschen dazu ermutigen, beim Älterwerden Folgendes nicht zu vergessen:

- Mach die Zeit mit Gott zu einer täglichen Priorität.
- Sorge gut für deinen Körper und liebe dich so, wie Gott dich erschaffen hat.
- Lerne, über dich selbst zu lachen.
- Bete stets, gib Dinge an Gott ab und vertraue ihm.
- Schalte einen Gang zurück und nimm dir Zeit für die kleinen Dinge, denn die Tage vergehen schnell.
- Mache die Mahlzeiten zu etwas Besonderem, wenn deine Familie zusammensitzt und ihr euch über den Tag austauscht.
- Versuche, mit der Technologie auf dem Laufenden zu bleiben, und nutze sie zu deinem Vorteil.
- Vielleicht zwickt und zwackt es hier und dort in deinem Körper, aber denk nicht zu viel darüber nach und belaste andere nicht, indem du dich darüber beklagst. Das gehört zum Alter dazu!«

S. C. H.

KAPITEL 2

Aus Erfahrung lernen – Teil 2

Erfahrung ist der beste Lehrer.

Lateinisches Sprichwort

Viele Menschen mit guten Absichten treffen unkluge Entscheidungen, erleben negative Folgen und verstehen nicht, warum. Wie du dem vorigen Kapitel entnehmen kannst, gehörte ich jahrelang zu ihnen. Meine Absichten waren gut. Ich wollte Gott gefallen und Menschen helfen, aber ich musste erkennen, dass es nicht tragfähig war, ständig zu arbeiten, mir nie einen Tag freizunehmen oder auf Urlaub zu verzichten und mit wenig Energie zu leben.

Niemand ist unbezwingbar

In den Jahren, in denen ich so hart arbeitete und ständig beschäftigt war, meinte ich fälschlicherweise, ich sei unbezwingbar – also arbeitete ich immer härter. Ich lehrte und moderierte 24 bis 36 Konferenzen pro Jahr und jede Konferenz umfasste vier oder fünf Einheiten. Jedes Jahr schrieb ich zwei oder drei Bücher, verpflichtete mich für ungefähr 20 weitere Vorträge und hielt 12 Gottesdienste für unsere Mitarbeiter. Hinzu kamen Fernseh- und Radiointerviews sowie Lesereisen. Schließlich landeten auch noch Missionsreisen ins Ausland in meinem Terminkalender. Mittlerweile hatte ich drei Teenager und ein Kleinkind.

Heute blicke ich zurück und habe keine Ahnung, wie ich das alles geschafft habe; aber ich tat den Dienst gern und hatte das Gefühl, dass mein Leben gute Frucht trägt. Gott segnete unsere

Arbeit und schenkte uns Gunst. Unsere Organisation wuchs relativ schnell. Ich kann ehrlich sagen, dass ich nichts anderes tat, als zu arbeiten, und jedes Jahrzehnt spürte ich die Auswirkungen meines Pensums mehr. Dann, als ich langsam ins Seniorenalter kam, begann ich auf andere Weise als zuvor zu spüren, wie sich die viele Arbeit auf mich auswirkte. Ich war weniger visionär, fühlte mich körperlich müde und war seelisch erschöpft. Außerdem war ich gestresster als je zuvor und das Leben schien immer schwieriger zu werden.

Im Alter von 62 Jahren begann ich schließlich, dreimal pro Woche mit einem Trainer Sport zu machen, und bemühte mich, gesünder zu essen. Ich fing an, mich besser zu fühlen, also machte ich weiter das, was ich immer getan hatte: arbeiten. In dieser Phase hielt ich einige gute Predigten über das Eintreten in die Ruhe Gottes. Heute weiß ich, dass ich die Wahrheiten, die ich andere lehrte, nicht auf mein eigenes Leben anwendete.

Damals begann ich auch, jeden Tag acht Kilometer spazieren zu gehen. Das tat ich fast drei Jahre lang. Das Spazierengehen gab mir Energie, aber ich trieb mich zu sehr an und legte keine Ruhetage ein. In dieser Zeit bekam ich zwei künstliche Hüftgelenke, aber in der Genesungsphase ruhte ich mich nur so viel aus, wie es unbedingt nötig war, und machte mich sofort wieder ans Spazierengehen, ans Sporttreiben und ans Arbeiten, Arbeiten, Arbeiten!

Ich wünschte, ich hätte ein gutes Buch über Selbstfürsorge gehabt oder auf die Menschen gehört, die mir immer wieder sagten, dass ich mich ausruhen solle. Leider tat ich das nicht. Ich musste aus Erfahrung lernen. Das ist meist die schmerzhafteste Art zu lernen, aber oft auch die wertvollste, denn die Lektionen, die wir durch das Durchmachen von Dingen lernen, vergessen wir nur selten.

Zusammenbruch

Heute ist mir klar, dass mein Körper mich jahrelang warnen wollte, dass etwas ernsthaft falsch lief. Aber ich war zu beschäftigt, um auf die Alarmsignale zu achten. Eines Morgens im Dezember 2017 wachte ich auf und etwas war in meinem Mund passiert. Er war schrecklich trocken und mir war schlecht. Ich fühlte mich schwach und zittrig und mein Blutdruck war sehr hoch. Kurz gesagt, nachdem ich bei drei Ärzten war (von denen einer sagte, das Problem läge in meinem Denken, und mir einen Kurs empfahl, wie ich meine Gedanken kontrollieren könne) und im Krankenhaus war, wo jeder erdenkliche Test gemacht wurde, erhielt ich die Befunde. Man erklärte mir, ich sei sehr gesund und in guter Verfassung für eine Frau meines Alters (damals 73 Jahre), doch ich habe eine extreme Nebennierenermüdung. Der Arzt verschrieb mir Medikamente, die mir bei der Stressbewältigung helfen sollten. Ich wusste, dass es mir leichtfallen würde, sie jeden Tag einzunehmen. Doch die Medikamente waren nicht alles, was ich brauchte. Der Arzt verschrieb mir außerdem Ruhe für mindestens 18 Monate! Ich dürfe nur das absolut Notwendige tun, sagte er, *und nichts anderes!* Am Ende musste mir meine Familie sagen, was absolut notwendig war, denn ich fand, dass ich alles tun musste, was ich tat.

Bei dem Gedanken daran, mich 18 Monate auszuruhen, fiel mir nichts mehr ein. Ich hatte keine Ahnung, wie ich das machen sollte! Viele von uns müssen das Ausruhen erst lernen. Es fällt uns nicht leicht. Glücklicherweise griff meine Familie ein und wir delegierten viele meiner Aufgaben an andere Personen. Ich referierte bei meinen Konferenzen, machte meine Fernsehsendung und schrieb meine Bücher. Ich tat auch einige andere Dinge, die nur ich tun konnte, aber hauptsächlich begann ich zu lernen, mich auszuruhen und mir von anderen helfen zu lassen. Mittlerweile habe ich viel gelernt und ich lerne immer noch dazu. Ich kenne mich, und obwohl ich immer zum Arbeiten neigen werde, versuche ich definitiv, mein Leben ausgeglichener zu gestalten. Ich glaube sogar, dass ich jetzt die beste Zeiteinteilung habe, die ich je in meinem Leben hatte.

Vielleicht geht es dir blendend und du meinst, so etwas wie eine »Nebennierenermüdung« könne dir nie passieren, aber ich versichere dir, dass es möglich ist. Gott hat die Welt in sechs Tagen erschaffen und sich am siebten Tag ausgeruht (vgl. 1. Mose 2,2). Gott hat sich ausgeruht! Wie kann jemand, der niemals müde wird, Ruhe brauchen? Vielleicht wird Gott ja niemals müde, weil er sich ausruht. Nach Psalm 121,4 *schläft* und *schlummert* er nicht, doch ich glaube, er lebt in einem beständigen Zustand der Ruhe. Gott betrachtete alles, was er erschaffen hatte, und erklärte es für *gut* (vgl. 1. Mose 1,31). An jenem siebten Tag nahm er sich Zeit, um sich an der Arbeit zu freuen, die er an den anderen sechs Tagen getan hatte. Wir müssen diesem Vorbild folgen. Was hat es für einen Sinn, unser Leben lang hart an etwas zu arbeiten, wenn wir uns nie die Zeit nehmen, die Frucht unserer Arbeit zu genießen?

Gott gebot dem Volk Israel eine Sabbatruhe. Und nicht nur das Volk erhielt die Anweisung, sich auszuruhen, sogar das Land musste in einem von sieben Jahren ruhen (vgl. 3. Mose 25,4). Manche, die das lesen, werden jetzt sagen: »Das ist eine alttestamentliche Situation. Wir leben nicht unter diesen Gesetzen, weil wir einen neuen Bund unter der Gnade Gottes haben.«

Zwar leben wir unter dem Neuen Bund, doch das Prinzip, dass wir ausruhen müssen, ist heute noch genauso gültig wie zu alttestamentlichen Zeiten. Jesus sagt: *»Der Sabbat wurde zum Wohl des Menschen gemacht und nicht der Mensch für den Sabbat«* (Markus 2,27). Gott gibt uns den Ruhetag als Geschenk und zu viele Menschen haben es nie ausgepackt. Wir könnten sagen, dass wir unserem Körper einen Tag pro Woche Ruhe schulden, damit wir die anderen sechs Tage mit Energie und Tatkraft bewältigen können.

Als mir Ende 2017 endlich bewusst wurde, was ich mir angetan hatte, schuldete ich meinem Körper mittlerweile Hunderte von Ruhetagen. Vielleicht ist es bei dir genauso. Wenn wir uns nie ausruhen, verbrauchen wir in den frühen Jahren unseres Lebens zu viel Kraft und haben dann keine Kraft mehr für die späteren Jahre übrig, weil wir sie bereits verbraucht haben.

Gott gebot dem Volk
Israel eine Sabbatruhe.

Wie gut, dass Gott ein gnädiger Arzt ist! Ganz gleich, was wir verloren haben: Gott kann uns helfen, uns zu erholen. Der Psalmist schreibt: *Die Gottesfürchtigen werden gedeihen wie Palmen … Noch im hohen Alter werden sie Frucht bringen und werden grün und lebendig bleiben* (Psalm 92,13.15). Ich vertraue darauf, dass Gott diese Verheißung eine Realität in meinem Leben werden lässt, und ich hoffe, dass du vertrauensvoll von ihm das Gleiche für dein Leben erwartest.

Veränderungen

Während ich dieses Buch schreibe, kann ich zurückblicken und erkennen, dass ich in den vergangenen Jahren einige sehr positive Veränderungen vorgenommen habe. Es geht mir viel besser als früher, aber ich weiß, dass ich dauerhafte Veränderungen in meinem Lebensstil vornehmen muss. Mir ist klar, dass ich nicht mehr 20 Jahre alt bin – oder 30 oder 40 oder gar 50 oder 60. Wenn dieses Buch erscheint, werde ich 78 Jahre alt sein, und ich habe es mir endlich eingestanden. Das bedeutet nicht, dass Gott mit mir fertig ist, und auch nicht, dass ich nicht mehr arbeiten kann. Ich arbeite noch, aber heute arbeite ich klüger, nicht härter. Ich arbeite weniger als je in meinem ganzen Leben und doch bringt unsere Organisation durch Gottes Gnade mehr Frucht und erreicht mehr Menschen als je zuvor.

Die Erfahrung ist eine hervorragende Lehrerin. Selbst Jesus lernte durch die Dinge, die er erlebte. Nach Hebräer 5,8-9 lernte er durch die Dinge, die er erlitt, Gehorsam und seine Erfahrung qualifizierte ihn, Urheber und Quelle unserer Errettung zu sein. Er war nie ungehorsam, doch die Erfahrung, gehorsam zu sein, lehrte ihn und rüstete ihn aus. Nicht zuletzt hat mich meine Erfahrung qualifiziert, dir diese Botschaft zu bringen und dir – so bete ich – dadurch helfen zu können.

Heute arbeite ich klüger,
nicht härter.

Jeder macht andere Erfahrungen

Wir sind alle unterschiedlich und jeder erlebt das Altern anders, doch wir alle erleben Veränderungen an unserer Haut, in unserer Ausdauer, an der Zeit, die wir nach Ereignissen zur Erholung brauchen, und andere Dinge. Ich fragte eine 54-jährige Frau, die für uns arbeitet, ob sie in den letzten zehn Jahren Veränderungen an ihrem Körper bemerkt habe. Sie lachte und antwortete dann: »O ja!« Sie erklärte, der Hauptunterschied, der ihr aufgefallen war, sei, dass sie mehr Zeit als früher brauche, um sich von bestimmten Aktivitäten zu erholen. Wenn wir auf unseren Körper achten, wird er uns helfen zu erkennen, wie und wann wir Veränderungen vornehmen sollten; doch wenn wir ihn ignorieren – so wie ich –, hat das keine guten Folgen.

Manche Menschen haben mehr Energie als andere. Sie haben vielleicht einen schnelleren Stoffwechsel oder aufgrund ihrer genetischen Veranlagung viel Energie. Ich unterhielt mich mit unserem Mitarbeiterpastor, der Anfang 60 ist, und er sagte, der einzige Unterschied, den er jetzt im Vergleich zu jüngeren Jahren an sich bemerke, ist ein langsamerer Stoffwechsel. Deshalb müsse er mehr darauf achten, wie viel und was er isst, um sein Gewicht auf dem Niveau zu halten, das er für sich als richtig empfindet.

Wir sollten in jeder Situation, mit der
wir konfrontiert werden, lernen,
welche Rolle wir spielen und was wir
tun müssen – und dann dabei bleiben.

Ich glaube, dass sogar unsere Persönlichkeit dazu beiträgt, wie wir uns fühlen. Menschen, die kontaktfreudig sind und viel lachen, fühlen sich oft gut. Wer eher entspannt ist und sich selten aus der Ruhe bringen lässt, hat oft weniger Stress als verkrampfte Menschen. Sie haben möglicherweise auch mehr Energie als andere, weil sie sie nicht unnötig verbrauchen. Dave ist ein solcher Mensch. Ich bin ein offensiver Typ-A-Mensch, der das Bedürfnis hat, die Probleme aller zu lösen. Das erfordert geistige und emotionale Energie. Diejenigen von uns, die im geistlichen Dienst stehen, müssen lernen, dass wir nicht die Retter der ganzen Welt sind. Stattdessen sollten wir in jeder Situation, mit der wir konfrontiert werden, lernen, welche Rolle wir spielen und was wir tun müssen – und dann dabei bleiben. So werden wir immer genug Energie haben, um das zu tun, was wir tun sollen. Das ist mein Gebet für dich und ich habe dieses Buch geschrieben, um dir zu helfen, dieses Ziel zu erreichen.

»Ich hatte bereits meinen 100. Geburtstag und eines habe ich gelernt: Nimm jeden Tag, wie er kommt. Mach dir keine Sorgen um die Zukunft und fühle dich nicht schlecht wegen der Vergangenheit.«

A. L. S.

KAPITEL 3

Reifen, nicht rosten

Ich werde nicht alt, ich werde reifer.

Unbekannter Autor

Es gibt eine Geschichte von einer alten Frau, die die Kraft der Entscheidungsfreiheit verstanden hat. Sie veranschaulicht nicht nur die Vorteile einer positiven Einstellung in jeder Situation, sondern auch die Bedeutung von guten Entscheidungen und der richtigen Denkweise.

Die Dame ist 92 Jahre alt, zierlich, stolz, mit einer aufrechten Haltung. Jeden Morgen um acht Uhr ist sie vollständig angezogen, modisch frisiert und perfekt geschminkt, obwohl sie fast blind ist. Heute ist sie in ein Pflegeheim gezogen. Ihr Mann, mit dem sie 70 Jahre verheiratet war, ist kürzlich gestorben, sodass dieser Umzug nötig wurde.

Nachdem sie viele Stunden geduldig in der Empfangshalle des Heimes gewartet hat, lächelt sie freundlich, als man ihr sagt, ihr Zimmer sei jetzt fertig. Während sie ihre Gehhilfe zum Aufzug manövriert, beschreiben ihr die Mitarbeiter, wie ihr winziges Zimmer aussieht. Sie beschreiben sogar die Gardinen, die an ihrem Fenster hängen. »Es gefällt mir sehr gut!«, sagt sie mit der Begeisterung einer Achtjährigen, die gerade ein Hündchen geschenkt bekommen hat. »Mrs Jones, Sie haben das Zimmer doch noch gar nicht gesehen … warten Sie erst einmal ab!«, antwortet die Mitarbeiterin.

Darauf erwidert Mrs Jones folgende Worte: »Das hat gar nichts damit zu tun. Glück ist etwas, wofür man sich im Voraus entscheidet. Ob mir das Zimmer gefällt oder nicht, hängt nicht davon ab, wie die Möbel angeordnet sind. Was zählt, ist, wie ich mein Denken ordne. Ich habe mich bereits entschieden, dass mir das Zimmer gefällt. Es ist eine Entscheidung, die ich jeden Morgen treffe, wenn ich aufwache. Ich habe die Wahl. Ich kann den Tag im Bett verbringen und aufzählen, welche Schwierigkeiten ich mit den Körperteilen habe, die nicht mehr funktionieren – oder ich kann aufstehen und dankbar für die Körperteile sein, die funktionieren. Jeder Tag ist ein Geschenk, und solange ich die Augen aufschlagen kann, werde ich mich auf den neuen Tag konzentrieren und auf all die glücklichen Erinnerungen, die ich aufbewahrt habe … genau für diese Zeit meines Lebens.«

Der beste Teil dieser Geschichte ist die Denkweise dieser Frau. Sie entschied sich, ihr neues Zuhause zu mögen, bevor sie es überhaupt gesehen hatte. Du und ich können die gleiche Einstellung zum Altern haben. Wir können es als Abenteuer betrachten, nicht als etwas, das uns unglücklich sein und tatenlos herumsitzen lässt.

Ich weiß nicht, wo du dich auf der Altersskala befindest, aber du wirst älter. Mit jedem Tag, der vergeht, sind wir einen Tag älter als am Tag zuvor. Deshalb ist jetzt der beste Zeitpunkt, damit zu beginnen, gut für dich zu sorgen und die richtige Einstellung zu haben. Es ist nicht klug zu warten, bis du im Seniorenalter bist und verschiedene Körperteile »reparaturbedürftig« sind, bevor du anfängst, über das Altern nachzudenken. Doch selbst wenn du bereits im Seniorenalter sein solltest, ist es nicht zu spät, damit zu beginnen.

»Wir alle brauchen etwas zu tun,
jemanden zum Lieben und etwas,
auf das wir hoffen.«

Der Schauspieler Dick Van Dyke sagte einmal: »Wir alle brauchen etwas zu tun, jemanden zum Lieben und etwas, auf das wir hoffen.« Jeder kann diese Segnungen haben. Es ist jedoch unwahrscheinlich, dass sie sich Menschen bieten, die nur herumsitzen und sie sich wünschen. Aber sie sind ganz sicher für diejenigen verfügbar, die sie suchen und anstreben.

Jemanden zu haben, den man liebt, bedeutet nicht unbedingt, einen Partner zu haben. Wir können auch andere Familienmitglieder lieben, Freunde oder Bekannte, denen wir freiwillig helfen. Viele Menschen stellen außerdem fest, dass es ihnen guttut, ein Haustier zu haben. Jeder möchte geliebt werden, und wenn wir nach Menschen Ausschau halten, die wir lieben können, und Gott bitten, sie uns zu schicken, werden wir sie finden.

Dick Van Dyke wirkt alterslos, obwohl er seit den 1930er-Jahren über die Filmleinwände tanzt. Er spricht davon, etwas zu tun zu haben, was ich als Lebenssinn interpretiere – etwas, das wir bewusst, *mit Absicht* tun. Selbst wenn Menschen körperlich beeinträchtigt sind, kann ihre Aufgabe darin bestehen, für andere zu beten und sie zu ermutigen. Es gibt immer jemanden, der uns braucht, und es gibt immer etwas, das wir tun können, um anderen zu helfen.

Menschen, die Tag für Tag zu Hause sitzen und nichts weiter tun, als älter zu werden, erstaunen mich. Wir können immer Wege finden, nützlich zu sein, wenn wir nur danach Ausschau halten und bereit sind, Neues auszuprobieren.

Ich glaube, das Alter ist eine Zahl, aber alt zu werden, ist eine Einstellung. Wie wir uns selbst sehen, ist wichtiger, als wie viele Jahre wir alt sind. Vielleicht hast du schon einmal den Spruch gehört: »Am Ende zählen nicht die Jahre deines Lebens, sondern das Leben in den Jahren.«

Ich glaube, das Alter ist eine Zahl, aber alt zu werden, ist eine Einstellung.

Ich weiß, dass ich 78 Jahre alt bin, aber ich sitze nicht herum und denke darüber nach, wie alt ich bin. Ich denke über das

Leben nach, das ich geführt habe, und es war ein sehr gutes Leben. Ich kann kaum glauben, dass ich so alt bin, wie ich bin. Ich führe ein aktives, erfülltes Leben. Ich arbeite intensiv daran, gut für mich zu sorgen, denn ich möchte so lange wie möglich leben. Ich kann nicht mehr so viel tun wie früher und ich habe weniger Ausdauer als früher. Die Haut an meinen Unterarmen ist dünn geworden und ich bekomme dort leicht blaue Flecken. In einigen Gelenken habe ich Arthritis. Aber die meisten dieser Dinge sind ganz normale Alterserscheinungen. Wenn es dir ähnlich geht, dann denk daran, dass diese Entwicklungen uns nicht das Gefühl vermitteln müssen, dass wir alt werden oder nicht mehr viel tun können. Das erste Mal, als ich überhaupt merkte, dass ich alt werde, war der Tag, an dem ich meinen Rentenantrag einreichen musste. Ich konnte kaum glauben, dass ich da im Büro der Rentenversicherung saß! Es fühlte sich unwirklich an, so als schaute ich einen Film über die Erlebnisse einer anderen Person. Aber so war es nicht. Da saß ich, Joyce, bei der Rentenversicherung und ich musste erkennen, dass ich einfach nicht mehr so jung war, wie ich mich körperlich fühlte und geistig wahrnahm.

Ich bin froh, dass ich mich nicht alt fühle, und ich hoffe und bete, dass es nie dazu kommen wird. Inzwischen habe ich in meinem Leben täglich mit dem Älterwerden zu tun, doch ich weigere mich, mich alt zu fühlen und zu denken, ich sei mit dem Leben fertig.

Während des Schreibens dieses Buches erzählte mir meine Schwiegertochter von einer interessanten Studie über alte Menschen, von der sie gehört hatte. Die Personen, die die Studie durchführten, brachten mehrere über 80-Jährige in ein schönes Altersheim, das im Stil der 1970er-Jahre eingerichtet war, denn in dieser Zeit waren sie in der Blüte ihres Lebens gewesen. Das Ergebnis war, dass sie mehr Energie, Vitalität und Lebensfreude hatten als zuvor. Wie wir über uns denken, beeinflusst, wie wir mit dem Älterwerden umgehen.

Manche Menschen reden sich tatsächlich ein, sie könnten

nichts mehr tun, sobald sie ein gewisses Alter erreicht haben. Andere Menschen betrachten jeden Meilenstein als Segen; für sie ist sogar jeder Geburtstag – nicht nur die »runden« – ein Geschenk Gottes. Diese Menschen genießen ihr Leben, selbst wenn sie nicht mehr alles tun können, was sie früher getan haben. Sie betrachten die Veränderungen des Älterwerdens als Herausforderungen, die es anzunehmen und zu bewältigen gilt, und nicht als Hindernisse, die sie vom Leben abhalten.

Wie wir über uns denken, beeinflusst,
wie wir mit dem Älterwerden umgehen.

Im Jahr 2019 gab es etwa 533.000 Menschen auf der Welt, die über 100 Jahre alt waren, und viele von ihnen führten ein erfülltes und aktives Leben. Wenn man sich selbst nicht als alt betrachtet, kommt man um die Probleme des Älterwerdens zwar nicht herum, aber es hilft dennoch. Wer weiß? Es kann doch sein, dass du oder ich über 100 Jahre alt werden. Ich hatte einen Großvater, der 102 Jahre alt wurde – langes Leben liegt mir also in den Genen.

Vergleich dich nicht mit anderen

Mit den Jahren kannst du vielleicht nicht mehr alles tun, was andere in deinem Alter tun können. Doch du kannst etwas tun und es ist wichtig für uns alle, dass wir uns auf das konzentrieren, was wir tun können – nicht auf das, was wir nicht tun können. Ich kann im Fitnessstudio nicht mehr so viel Gewicht stemmen wie vor 15 Jahren, aber ich stemme immer noch ein beachtliches Gewicht. Sprich, ich tue, was ich kann. Hin und wieder sage ich zu meinem Trainer: »Ich weiß noch, wie ich beim Bankdrücken viel schwerere Gewichte stemmen konnte!« Dann erwidert er prompt, ich solle froh sein, dass ich kann, was ich kann. Er erinnert mich immer daran, dass ich über dem

Durchschnitt liege. Er sagt mir, dass er Kunden habe, die 30 Jahre jünger seien als ich und nicht könnten, was ich kann.

> Es ist wichtig, dass wir uns auf das konzentrieren, was wir tun können – nicht auf das, was wir nicht tun können.

Heute Morgen im Fitnessstudio musste ich mich an meine eigenen Predigten erinnern lassen, dass wir uns nicht mit anderen vergleichen sollen. Außer mir waren noch drei weitere Personen im Fitnessstudio, alle Anfang zwanzig. Zwei von ihnen waren Männer. Da bestand keine Versuchung, mich mit ihnen zu vergleichen. Ich ertappte mich allerdings dabei, wie ich darauf schielte, wie viel an Gewichten die junge Frau für ihre verschiedenen Übungen verwendete. Wir hatten beide die Beinpresse benutzt und ich hatte 22 Kilogramm eingestellt, doch bei ihr waren es 40. Vor einigen Jahren konnte ich auch noch 40 Kilogramm stemmen. Ohne es wirklich zu merken, verglich ich mich mit meinen 78 Jahren mit einer 20-Jährigen!

Ich beschloss, dass ich, wenn sie 40 Kilo stemmen konnte, mindestens 30 Kilo schaffen sollte, also erhöhte ich das Gewicht. Später half Gott mir zu erkennen, dass ich genau das getan hatte, wovon ich anderen immer abrate – mich mit jemand anderem zu vergleichen! Menschen haben den Drang, nicht einfach so gut wie andere zu sein, sondern besser. Dieser Drang treibt uns häufig über unsere Grenzen hinaus und führt dazu, dass wir unserem Körper und Geist schaden.

Dave hat mehr Energie als ich, doch wir sind zwei völlig unterschiedliche Menschen und uns sind im Laufe unseres Lebens unterschiedliche Dinge passiert. Wenn du dazu neigst, dich mit anderen zu vergleichen, wird dein Feind, der Teufel, immer dafür sorgen, dass jemand, der mehr kann als du, in deiner Nähe ist und du es bemerkst. Er macht dich nicht auf all die Menschen aufmerksam, die nicht können, was du kannst. Wir sind Individuen und Gott hat individuelle Pläne für unser Leben. Darum sind wir frei zu sein, wer wir sind, ohne zu versuchen, jemand zu sein, der wir niemals sein können.

Paulus schreibt: *Denn alles ist mir möglich durch Christus, der mir die Kraft gibt, die ich brauche* (Philipper 4,13). Dennoch müssen wir uns vor Augen halten, dass wir alles können, was *Jesus* von uns will – nicht alles, was *wir* wollen.

Loslassen

Ich habe 20 Jahre lang mit Dave Golf gespielt, bis ich Probleme mit meinem Handgelenk und Ellenbogen bekam. Heute kann ich nicht mehr spielen. Auch Bowling hat mir Spaß gemacht, doch das kann ich ebenfalls nicht mehr ausüben. Obwohl ich nicht mehr golfen oder bowlen kann, kann ich immer noch Bücher auf meinem Computer schreiben und Vorträge vorbereiten, die ich auf Konferenzen halte.

Heute kann ich keine Neun-Zentimeter-Pfennigabsätze mehr tragen, obwohl ich sie trug, bis ich Ballenzehen und Hühneraugen an den Füßen bekam. Dann brauchte ich Hallux-valgus-Operationen und musste mir die Hühneraugen entfernen lassen. Heute trage ich bequeme Schuhe. Es ist erstaunlich, wie wir uns quälen, nur um gut auszusehen! Heute ist mir Komfort wichtiger als gutes Aussehen, es sei denn, ich kann beides haben.

Es gibt immer Dinge, die wir nicht tun können, besonders wenn wir älter werden. Doch es gibt auch Dinge, die wir tun können – und auf diese sollten wir uns konzentrieren. Wir können zulassen, dass der Verlust von Dingen, die wir früher konnten, uns deprimiert, oder wir können uns entscheiden, glücklich mit dem zu sein, was wir noch können.

Zu sagen, dass Dave gern Golf spielt, wäre eine riesige Untertreibung. Er *liebt* Golf, ganz gleich, ob er spielt oder nur trainiert. Er schaut sich auch gern Golfspiele an und liest Golf-Zeitschriften. Mir fällt im Zusammenhang mit Golf nichts ein, was Dave nicht mag! Ich habe ihn gefragt, wie es ihm wohl damit gehen würde, wenn er aus Altersgründen je an den Punkt gelangen würde, nicht mehr Golf spielen zu können, und seine Antwort lautete: »Ich habe schon darüber nachgedacht und mich entschlossen, trotzdem glücklich zu sein und mir andere Beschäftigungen zu suchen.« Daves Antwort steht für eine gesunde Einstellung zum Altern, die uns erlaubt, in jeder Lebensphase glücklich zu sein. Wenn man über etwas, das man mag, nachdenkt und sich selbst sagt: »Ich werde sehr unglücklich sein, wenn ich das aufgeben muss«, dann sind traurige Zeiten vorprogrammiert. Man kann dies vermeiden und sich stattdessen auf die Zukunft freuen, indem man seine Meinung über die Veränderungen ändert, die man mit zunehmendem Alter wird vornehmen müssen.

Eine gesunde Einstellung zum
Altern erlaubt uns, in jeder
Lebensphase glücklich zu sein.

Sich auf das zu konzentrieren, was man hat, anstatt auf das, was man nicht hat, ist eine wunderbare Angewohnheit, die man entwickeln sollte. Das Älterwerden ist ein normaler Teil des Lebens, und wer schon früh im Leben die richtige Einstellung dazu entwickelt, dem wird es später nützen. Deine letzten Lebensjahre können und sollen schön sein. Ein Mann sagte einmal: »Meine Falten stehen für meine Erinnerungen.« Das gefällt mir!

Wie redest du über dich selbst?

Sprüche 18,21 ist ein starker Bibelvers, der uns lehrt, auf das zu achten, was wir sagen: *Wer gern redet, muss die Folgen tragen, denn die Zunge kann töten oder Leben spenden.* Weil Worte voller

Kraft sind und sich auf uns ebenso auswirken wie auf die Menschen, die sie hören, sollten wir vorsichtig sein, wenn wir übers Älterwerden reden. Sage nicht immer wieder: »Ich werde alt!« Andernfalls wirst du dich alt fühlen und andere werden dich als alt betrachten. Je mehr du dich mit deinem Alter anfreundest, umso ungezwungener werden auch andere damit umgehen. Wie du dich selbst siehst, so werden dich auch andere sehen. Wenn es etwas gibt, das du nicht mehr tun kannst, sage nicht: »Ich bin zu alt dafür«, sondern etwas wie: »Als ich älter wurde, habe ich erkannt, dass es klüger ist, wenn ich das nicht mehr tue, aber ich kann immer noch viele andere Dinge tun.«

Je mehr du dich mit deinem Alter
anfreundest, umso ungezwungener
werden auch andere damit umgehen.

Unser geistiger Zustand ist nicht vom Alterungsprozess ausgenommen. Aus diesem Grund kann es sein, dass du ein paar Dinge mehr vergisst als früher. Dennoch möchte ich dir nahelegen, keine dramatischen Aussagen zu treffen wie: »Wahrscheinlich bekomme ich Alzheimer«, oder: »Ich werde alt und senil.« Lass deine Gedanken über dich und deine Zukunft nicht von Angst beherrschen. Lerne, über dich selbst zu lachen, wenn du etwas Dummes tust, so wie es mir häufig passiert. Gestern sind mir in verschiedenen Situationen zwei Teller kaputtgegangen, aber ich dachte nicht: »Ich werde alt und ungeschickt.« Ich dachte: »Ich schätze, das muss ich jetzt aufräumen!«

Lerne, über dich selbst zu lachen,
wenn dir etwas Dummes passiert.

Wir alle empfinden das Älterwerden unterschiedlich. Mir ist aufgefallen, dass ich mehr Ruhe brauche als früher. Wenn um mich herum zu vieles gleichzeitig geschieht, fange ich an, mich ein wenig überfordert oder verwirrt zu fühlen. Also habe ich

Veränderungen vorgenommen und ich fühle mich deshalb nicht schlecht, denn sie sind notwendig. Außerdem ist es für mich wichtig, jede Nacht acht bis neun Stunden Schlaf zu bekommen. Darauf achte ich sehr, es sei denn, dass ich eine Konferenz habe – in diesem Fall kann es ein oder zwei Nächte geben, in denen ich nur sechs oder sieben Stunden schlafe. Früher konnte ich zwölf Stunden am Stück schreiben und brauchte nur Toilettenpausen. Heute muss ich zwischendurch öfter aufstehen und ich kann nicht mehr als fünf Stunden am Tag schreiben. Viele Dinge haben sich verändert, aber sie haben sich nicht nachteilig auf meine Lebensqualität ausgewirkt. Das Leben kann genauso gut sein wie früher oder sogar noch besser, wenn wir einiges loslassen müssen. Alles hat seine Zeit, und wenn diese Zeit vorbei ist, dann halte nicht an dem fest, was dir nicht mehr guttut.

Alles hat seine Zeit, und wenn diese Zeit vorbei ist, dann halte nicht an dem fest, was dir nicht mehr guttut.

In Bewegung bleiben

Ich trete täglich im Fernsehen vor Millionen von Menschen auf. Ich will nicht, dass sie mich für alt und bedeutungslos halten, und ich achte bewusst darauf, dieses Bild nicht zu vermitteln. Obwohl ich 78 Jahre alt bin, fühle ich mich nicht alt und verhalte mich auch nicht alt.

Ich glaube, manche Menschen gebrauchen ihr Alter als Ausrede, um bestimmte Dinge nicht zu tun, oder sogar, um Mitleid zu erregen, doch das ist unklug. Ein sehr guter Rat, den ich dir geben kann, ist, so lange wie möglich so viel wie möglich zu tun. Ich habe gehört, je mehr wir uns bewegen, desto mehr *können* wir uns bewegen, und je weniger wir uns bewegen, desto weniger *können* wir uns bewegen. Darum stehe ich, selbst wenn ich beim Schreiben bin, ungefähr einmal pro Stunde auf und bewege mich. Ich gehe durchs Haus und mache ein paar Dehnübungen, sodass mein Körper nicht steif wird.

Tu so lange, wie du kannst,
so viel, wie du kannst.

Ein Arzt sagte zu mir, dass Sitzen als der neue Krebs betrachtet wird. Damit meinte er, dass stundenlanges Sitzen am Stück die Gesundheit von Menschen zerstört und ihrem Körper schadet. Gott hat uns Hunderte von Gelenken in unserem Körper gegeben, damit wir uns bewegen können – also sollten wir sie auch nutzen! Nimm die Treppe, wenn du kannst, statt immer den Aufzug zu nehmen. Das Gehen wird dir guttun! Unsere natürliche Tendenz ist, für alles, was wir tun, die einfachste Variante zu wählen, doch vielleicht ist der Umstand, dass vieles heute leichter ist als früher, ein Teil unseres Problems.

Was manche Menschen am nötigsten haben, ist, sich zu bewegen und aktiver zu sein. Wer einen sitzenden Lebensstil pflegt, ist stärker gefährdet, an Krebs, Depressionen, Angststörungen und Herzkranzgefäßproblemen und anderem zu erkranken. Der weitverbreitete Einsatz von Computern und sozialen Medien hat dazu geführt, dass wir mehr sitzen als je zuvor. Obwohl ich die moderne Technologie ehrlich zu schätzen weiß, sollten wir in Bewegung bleiben und nicht zulassen, dass sie uns zu viel sitzen lässt. Wenn wir darüber nachdenken, wie aktiv wir sein sollten, ist es klug, Maß zu halten und eine Balance zu finden. Zu viel Sport und Anstrengung kann für ältere Menschen schädlich sein, doch zu wenig ist ebenfalls nachteilig.

Mir ist bewusst, dass manche Menschen aufgrund gesundheitlicher Probleme keine andere Wahl haben, als zu sitzen, doch viele Rollstuhlfahrer können trotzdem Sportübungen für den Oberkörper machen. Wir sollten alles bewegen, was beweglich ist! Als ich mich von meinen Hüftoperationen erholte, kam mein Trainer dreimal pro Woche zu mir nach Hause, und ich machte mit Gymnastikbändern aus Gummi Übungen für den Oberkörper. Ich wollte nicht aufhören, mich zu bewegen!

Wer einen sitzenden Lebensstil pflegt, ist stärker gefährdet, an Krebs, Depressionen, Angststörungen und Herzkranzgefäßproblemen und anderem zu erkranken.

Ich möchte dich ermutigen, »Ich kann nicht« aus deinen Gedanken und Gesprächen zu verbannen. Statt dir anzugewöhnen, »Ich kann nicht« zu sagen, probiere es mit: »Es wäre nicht klug, wenn ich das an diesem Punkt meines Lebens tun würde.« Wenn du zu oft sagst, dass du dieses oder jenes nicht mehr tun kannst, weil du alt bist, wirst du bei dir selbst und bei anderen genau diesen Eindruck hinterlassen.

Statt zu sagen, »Ich kann nicht«, probiere es mit: »Es wäre nicht klug, wenn ich das an diesem Punkt meines Lebens tun würde.«

Keiner von uns weiß, wie lange er leben wird, aber eines ist sicher: Eine gesunde Einstellung wird all diese Jahre lebenswert machen.

»Viele Menschen kommen und gehen im Laufe des Lebens, doch die Beziehungen zu Gott und zur Familie bleiben und sollten immer wieder aufgefrischt, gepflegt und ständig kultiviert werden.«

D. F.

KAPITEL 4

Langsamer altern

Selbstfürsorge bedeutet, der Welt das Beste von dir zu geben anstatt das, was von dir übrig ist.

Katie Reed

Wir können den Alterungsprozess nicht aufhalten, denn er gehört zum Lauf des Lebens, doch wir können ihn verlangsamen, indem wir frühzeitig damit beginnen, gut für uns zu sorgen. Manchen Menschen erscheint der Gedanke, für sich selbst zu sorgen, egoistisch, doch in Wirklichkeit ist es das Gegenteil von Egoismus. Wenn wir nicht für uns selbst sorgen, werden wir irgendwann auch nicht mehr für andere sorgen können.

Menschen machen oft den Fehler zu meinen, sie könnten auf vieles verzichten, was sie in Wirklichkeit brauchen. Sie opfern vielleicht die Zeit, die sie für Sport eingeplant hatten, um eine Besorgung für einen Nachbarn zu machen. Oder sie geben nicht das Geld für eine Haushaltshilfe aus, obwohl der Hausputz ihnen inzwischen sehr schwerfällt. Denn sie wollen ihren erwachsenen Kindern helfen, ein Auto zu kaufen.

Nun stimmt es zwar, dass Menschen rein physisch ohne bestimmte Dinge überleben können, doch eine übermäßige Selbstverleugnung wird ihnen irgendwann die Freude rauben und sich in vielerlei Hinsicht nachteilig auswirken. Ich höre Leute oft sagen: »Ich setze mich immer an die letzte Stelle«, oder »Darauf kann ich verzichten. Ich gebe es lieber jemand anderem.« Während diese Haltung unter bestimmten Umständen nobel sein kann, kann sie doch, wenn sie zu weit geht, zu einem Zusammenbruch der körperlichen, geistigen und emotionalen Gesundheit führen. Zu leugnen, dass wir berechtigte Bedürfnisse haben, ist töricht und keine Lebensweise, die Gott entspricht. Wir alle haben Bedürfnisse, und wenn diese Bedürfnisse zu lange ungestillt bleiben, können die Folgen katastrophal sein.

Das beste Geschenk, das du deiner Familie, deinen Freunden und der Welt um dich herum machen kannst, ist ein gesundes Du. Wenn in einem Haushalt die Mutter beispielsweise immer körperlich ausgelaugt, psychisch überfordert, geistlich ausgetrocknet und emotional erschöpft ist, wird den Familienmitgliedern durch diese Belastung die Mutter vorenthalten, die sie sich wünschen und brauchen. Sie meint vielleicht, das Beste für ihre Familie zu tun, während sie sich um die Familie und alle anderen kümmert. Das ist jedoch ein riesiger Irrtum. Am Ende wird es die gesamte Familie strapazieren, auch die Mutter selbst.

Um zu verhindern, dass man vorzeitig altert, ist es äußerst hilfreich, zu lernen, Nein zu sagen, wenn es angemessen ist. Wenn ich Menschen zwischen 40 und 50 Jahren sehe, die älter aussehen als manche Menschen zwischen 70 und 80, vermute ich dahinter immer einen von zwei Gründen: Entweder hatten sie ein sehr schweres Leben oder sie haben nicht gut auf sich selbst geachtet.

Das Leben mancher Menschen ist schwierig und sie kümmern sich nicht richtig um sich selbst, weil sie nie gelernt haben, Nein zu sagen. Sie haben zu viel für andere Menschen getan und keine Energie übrig, um sich auszuruhen, zu entspannen und das Leben zu genießen. Viele Menschen, die zu viel für andere tun, finden ihren Wert und Lebenssinn darin, etwas für andere zu »machen«. Großzügig und hilfsbereit zu sein, sind wunderbare Eigenschaften, solange sie im Rahmen eines ausgewogenen Lebens praktiziert werden, das auch reichlich Zeit für die Selbstfürsorge lässt. Diese Menschen täten gut daran zu erkennen, wann sie versucht sind, durch das, was sie für andere tun, Akzeptanz zu gewinnen oder sich wichtig zu fühlen. Sie sollten auch fragen, ob das, was sie tun, Gottes Wille für sie ist. Falls nicht, sollten sie den Mut aufbringen, Nein zu sagen.

Wenn Menschen ein Ja hören wollen und stattdessen ein Nein bekommen, sind sie meist nicht erfreut darüber. Doch Nein zu sagen, wenn es nötig ist, kann dir helfen, länger zu leben und mehr Vitalität zu genießen. Gott legt uns nie mehr auf, als weise ist, und selbst wenn wir unsere Zukunft nicht im Blick haben: Er hat sie im Blick!

Fünf einfache Möglichkeiten, langsamer zu altern

Wenn wir über das Älterwerden nachdenken, sollten wir daran denken, dass jeder Teil und jede Funktion unseres Körpers altert: Zähne, Haut, innere Organe, Knochen, Haare, Augen, Gehör und alles andere. Es gibt einige einfache Dinge, die wir tun können und die helfen, den Alterungsprozess zu verlangsamen; wir können ihn aber nicht gänzlich verhindern. Der Markt ist voller Anti-Aging-Mittel, und während manche vielleicht helfen, lässt sich die Uhr durch nichts anhalten. Ich empfehle dir, alles dir Mögliche zu tun, um dich so jung wie möglich zu fühlen und auch auszusehen. Dennoch wirst du älter werden. Das Älterwerden kann eine wunderbare Zeit in deinem Leben sein, wenn du den Prozess richtig angehst. Ich habe fünf einfache Vorschläge für dich.

1. Schlafe jede Nacht sieben oder acht Stunden, bei Bedarf auch mehr

Vielleicht hältst du das für unmöglich, aber es wird gelingen, wenn es dir wichtig genug ist. Vielleicht musst du zu etwas anderem Nein sagen, das du unbedingt tun willst, um den nötigen Schlaf zu bekommen. Ausreichend Schlaf und Ruhe werden dir helfen, langsamer zu altern und dich dabei besser zu fühlen.

2. Trinke jeden Tag mindestens zwei Liter Wasser

Dank der folgenden Informationen wirst du schnell verstehen, warum das Trinken von Wasser oder Kräutertee ohne Zucker so wichtig ist:

- Der Körper eines Erwachsenen besteht je nach Alter und Geschlecht aus durchschnittlich 60 bis 80 Prozent Wasser.
- Gehirn und Herz bestehen zu 73 Prozent aus Wasser.
- Die Lungen bestehen zu etwa 83 Prozent aus Wasser.
- Die Haut besteht zu 64 Prozent aus Wasser.
- Muskeln und Nieren bestehen zu 79 Prozent aus Wasser.
- Selbst unsere Knochen enthalten Wasser – genau gesagt, 31 Prozent.

Wenn du in einem trockenen Klima lebst, solltest du noch mehr als zwei Liter Wasser am Tag trinken. Ich reise gelegentlich nach Park City in Utah, das sehr hoch und in einem trockenen Klima gelegen ist. Wenn ich dort bin, trinke ist fast doppelt so viel Wasser wie gewöhnlich. Der einzige Nachteil ist, dass ich viel mehr Zeit auf der Toilette verbringe. Doch wenn ich zu wenig Wasser trinke, bekomme ich trockene Augen und eine trockene Nase, Kopfschmerzen und sehr trockene Haut. Ich muss nicht so viel Wasser trinken, die Entscheidung liegt bei mir, doch reichlich zu trinken, erscheint mir leichter, als die unangenehmen Nebenwirkungen zu ertragen, mit denen ich zu kämpfen hätte, wenn ich nicht genügend Wasser zu mir nähme.

Wassermangel schadet unserem Körper und verhindert, dass er optimal funktioniert. Kürzlich traf ich einen Mann, der mir erzählte, er habe früher mindestens zwölf Tassen Kaffee pro Tag und nur wenig Wasser getrunken. Er ist Anfang 40 und behauptete, sich gut zu fühlen. Doch nachdem er etwas mehr darüber gelernt hatte, wie wichtig Wasser ist, veränderte er seine Gewohnheiten und begann, mehr Wasser und weniger Kaffee zu trinken. Er staunt, wie viel besser er sich fühlt. Es ist durchaus möglich, dass Menschen meinen, sich gut zu fühlen, aber keine Ahnung haben, wie »sich gut fühlen« wirklich ist.

Unsere Gesellschaft bietet so viel Ersatz für Wasser an, dass es viel zu einfach ist, sich für gezuckerte Getränke voller Chemikalien statt für gesundes, einfaches Wasser zu entscheiden. Wenn Menschen sagen, sie mögen kein Wasser (genau das sagte mir der Mann, der zwölf Tassen Kaffee pro Tag trank), liegt das meist daran, dass sie sich nicht angewöhnt haben, Wasser zu trinken. Wenn wir nicht genug Wasser trinken, altert unsere Haut schneller, und viele andere Körperfunktionen laufen unterdurchschnittlich oder werden sogar gestört. Mein Vater mochte kein Wasser, also trank er es nicht und er starb an einem Nierenleiden.

3. Treibe Sport

Wenn ein Gang ins Fitnessstudio dir nicht zusagt, dann geh wenigstens raus und bewege dich körperlich – zum Beispiel beim Walken oder Radfahren. Übungen mit Gewichten tragen dazu bei, dass deine Knochen stark bleiben. Solltest du das aus irgendeinem Grund nicht tun können, gibt es viele andere Möglichkeiten, unter anderem Übungen im Wasser. Es ist leicht, sich im Wasser zu bewegen, und dennoch sehr gut für den Körper und es gibt Kurse, die dich beweglich halten und dein Gleichgewicht trainieren, während du deine Gelenke und Muskeln nicht überanstrengst. Wenn du dir das Sporttreiben angewöhnst, wirst du es irgendwann genießen und vermissen, wenn es aus irgendeinem Grund ausfallen muss. Unser Körper sehnt sich nach dem, was wir ihm geben. Gib deinem Körper das, was ihn stark und gesund macht, und er wird genau das wollen.

Unser Körper sehnt sich nach dem, was wir ihm geben. Gib deinem Körper das, was ihn stark und gesund macht, und er wird genau das wollen.

Dave trainiert seit 55 Jahren regelmäßig mit Gewichten und er sieht fantastisch aus. Er ist 81 Jahre alt und sieht aus wie 65. Seine Haut ist in bester Verfassung, weil sie durch das Sporttreiben gut mit Sauerstoff und anderen Nährstoffen versorgt wird, die sie gesund erhalten. Sport verbessert die Durchblutung und das ist gut für die Haut, das Herz-Kreislauf-System und andere Organe.

Vergiss nicht: Wir müssen in Bewegung bleiben, wenn wir in Bewegung bleiben wollen. Wir denken oft, dass wir keine Zeit für Sport haben, aber auch hier gilt: Wir nehmen uns Zeit für das, was uns wichtig ist. Ich habe lange Zeit gesagt, ich hätte keine Zeit für Sport, und so treibe ich erst seit 15 Jahren regelmäßig Sport. Der Satz »Ich habe keine Zeit« war einfach eine Ausrede, um es nicht zu tun – das ist mir heute klar.

Wir müssen in Bewegung bleiben, wenn wir in Bewegung bleiben wollen.

Ich wünschte, ich hätte viel früher mit dem angefangen, was ich dir hier nahelege, aber ein reiner Wunsch bringt uns nichts. Nur die richtige Handlung zur richtigen Zeit bringt die gewünschten Ergebnisse. Ein kluger Ausspruch lautet: »Wer meint, keine Zeit für körperliche Ertüchtigung zu haben, wird früher oder später Zeit für Krankheiten finden müssen.«

4. Pflege deine Haut und Zähne gut

Reinige dein Gesicht morgens und abends und trage eine Feuchtigkeitscreme auf – das gilt auch für den Rest deines Körpers. Mit dem Alter wird die Haut faltig und trockener, dünner und weniger elastisch. Verbring nicht zu viel Zeit in der Sonne, denn damit sind später im Leben Falten und sogar dunkle Flecken auf der Haut so gut wie garantiert. Wenn du dich länger in der Sonne aufhältst, achte darauf, dass du Sonnencreme benutzt. Vor Kurzem unterhielt ich mich mit einer Hautspezialistin und sie sagte mir, dass Sonnencreme eines der wichtigsten Mittel zum Schutz unserer Haut ist. Selbst Sonne, die durch ein Autofenster scheint, kann die Haut schädigen, wenn wir uns nicht vor ihr schützen.

Geh nicht schlafen, ohne dich abzuschminken. Reinige dein Gesicht, trage eine Feuchtigkeitscreme auf und lass die Haut sich über Nacht erholen und regenerieren. Wenn du es dir leisten kannst, geh regelmäßig zur professionellen Kosmetikbehandlung; das ist eine gute Investition. Wenn nicht, kaufe Pflegeprodukte, die du dir leisten kannst, und pflege deine Haut zu Hause so gut wie möglich. Coco Chanel sagte einmal: »Die Natur gibt dir das Gesicht, das du mit zwanzig hast; es liegt an dir, dir das Gesicht zu verdienen, das du mit fünfzig hast.«

Putze deine Zähne mindestens zweimal am Tag und benutze mindestens einmal am Tag Zahnseide, Interdentalbürsten, Zahnstocher oder eine Mundduschе, um sicherzustellen, dass keine Nahrungsrückstände zwischen deinen Zähnen bleiben. Regelmäßiges Zähneputzen hilft, Karies zu verhindern, und hält dein Zahnfleisch gesund, was dazu beiträgt, dass du deine Zähne behältst. Zahnbehandlungen sind teuer und können unangenehm sein; deswegen möchte ich dich ermutigen, deiner Zahnpflege einen hohen Stellenwert einzuräumen.

5. Ernähre dich gesund

Iss mageres Fleisch, reichlich Fisch, Vollkornprodukte und jede Menge frisches Obst und Gemüse. Meide ein Übermaß an leeren Kohlehydraten wie Brot, Cracker, Chips und Backwaren. Schränke deinen Zucker- und Koffeinkonsum ein. Iss nicht zu viel! Zu viel Gewicht ist in vielerlei Hinsicht ungesund und trägt zu Müdigkeit bei. Etwa zwei Drittel aller US-Amerikaner sind übergewichtig; vielleicht hilft das als Erklärung, warum so viele Menschen krank sind.

Nimm regelmäßig Vitamine und Nahrungsergänzungsmittel ein. Unseren Lebensmitteln fehlen heute aufgrund der Art und Weise, wie sie angebaut oder verarbeitet werden, häufig die Dinge, die wir brauchen. Ein Arzt sagte mir, Vitamine einzunehmen, brächte mir nichts ein außer teuren Urin. Seine Meinung war, dass die Einnahme von Vitaminpräparaten wertlos sei. Doch Tausende anderer Gesundheitsdienstleister sind anderer Ansicht.

Ich habe erlebt, was geschieht, wenn uns ein Vitamin oder ein anderer Nährstoff fehlt, den wir brauchen. Und ich habe gesehen, wie schnell wir uns von einem unangenehmen Symptom erholen können, sobald dieser Nährstoff unserem Körper wieder zugeführt wird. Ein Mangel an B-Vitaminen kann uns müde machen. Wenn uns Vitamin B_{12} fehlt, kann das eine Anämie hervorrufen. Zu wenig Kalium kann Schwäche und Herzrhythmusstörungen verursachen. Es ist interessant, sich damit zu befassen, was jedes Vitamin und jeder Nährstoff im Körper bewirkt. Dann kannst du zusammen mit deinem Arzt dafür sorgen, dass du die Vitamine und Mineralien bekommst, die dein Körper braucht.

Lachen und Spaß haben

Es ist wissenschaftlich erwiesen, dass Lachen unsere Gesundheit verbessert. Die Bibel sagt: *Ein fröhliches Herz erhält einen bei guter Gesundheit* (Sprüche 17,22; NGÜ) und *»Die Freude am HERRN ist eure Stärke«* (Nehemia 8,10; SLT). Es ist wichtig, zu lachen und das Leben zu genießen, denn das hilft uns, gesund und jung zu bleiben. Gerade erst habe ich gelesen, dass ein vierjähriges Kind durchschnittlich 400 Mal am Tag lacht, ein Erwachsener durchschnittlich aber nur viermal am Tag. Ich kann nicht garantieren, dass diese Behauptung zutreffend ist, weil die Meinungen dazu auseinandergehen. Allerdings sagen alle ohne Ausnahme, dass Kinder viel mehr lachen als Erwachsene. Wir mögen denken: »Natürlich lachen sie mehr; sie müssen sich ja um nichts Sorgen machen.« Doch Gott zufolge haben auch wir nichts, worum wir uns Sorgen machen müssen, denn er möchte sich um uns kümmern, wenn wir ihm vertrauen. Zum Lernprozess, wie man innerlich zur Ruhe kommt, gehört auch zu lernen, unsere Sorgen auf Gott zu werfen. Darum wird es noch später in diesem Buch gehen.

Ein vierjähriges Kind lacht durchschnittlich 400 Mal am Tag, ein Erwachsener durchschnittlich aber nur viermal.

Als ich in der Grundschule war, gehörte zu unserem Stundenplan jeden Tag eine große Pause – 15 Minuten, in denen wir spielen oder einfach tun konnten, was wir wollten. In der weiterführenden Schule verschwand die große Pause plötzlich ohne Vorwarnung. Vielleicht wären wir alle besser dran, wenn wir täglich immer noch eine große Pause hätten. Manche US-Bundesstaaten hatten die große Pause auch für die Grundschulkinder abgeschafft, doch einige von ihnen erkennen jetzt, dass Kinder sie brauchen und besser in der Schule zurechtkommen, wenn sie sie haben – also wird sie wieder eingeführt. Es ist gut für uns alle, nicht nur für Kinder, uns Zeit zum Spielen und Spaßhaben zu nehmen.

Manche Menschen sind einfach witziger als andere und ich empfehle sehr, wenigstens zwei oder drei Freunde zu haben, die einen großartigen Sinn für Humor besitzen und dich zum Lachen bringen können. Ich kenne eine Frau, die einmal ein Buch über lustige Dinge kaufte, die die Königin von England getan und gesagt hat. Diese Frau lebt allein und muss beruflich viel allein sein und manchmal liest sie einige Seiten aus diesem Buch, nur um sich zum Lachen zu bringen. Ich ermutige dich ebenfalls, Möglichkeiten zum Lachen zu finden und Freude zu einer Priorität zu machen.

Manche Menschen, die viel älter aussehen, als sie sind, hatten ein hartes Leben und obendrein eine ungesunde Einstellung. Sie bewerten fast alles negativ und haben im Großen und Ganzen eine saure, selbstmitleidige Haltung. Ich glaube, man kann sagen, dass nicht ihre Schwierigkeiten im Leben sie schneller altern ließen, sondern ihre Einstellung. Andere Menschen wiederum, die im Leben vor großen Herausforderungen stehen, benutzen diese, um stärker zu werden. Sie lernen daraus, jeden Tag zu genießen, was auch immer er bringt, und in allem eine zuversichtliche Haltung zu bewahren. Fröhliche Menschen leben länger und fühlen sich wohler als griesgrämige.

Setze dein Gehirn ein

Halte dein Gehirn aktiv, indem du nicht aufhörst zu lernen. Lies, schau dir Dokumentarfilme an, belege einen Kurs, löse Kreuzworträtsel oder mach, was du willst, um dein Gehirn wissbegierig und am Leben beteiligt zu halten. Außerdem ist es gut, dich in den unterschiedlichsten Themengebieten weiterzubilden. Du bist nie zu alt, um etwas zu lernen. Wenn du dein Gehirn aktiv hältst, wirst du dich besser fühlen und im Alter langsamer geistig abbauen. Offenbar schützt es auch die

Verbindungen zwischen den Gehirnzellen und hilft vielleicht sogar, neue Verbindungen aufzubauen. Kennst du den alten Spruch: »Wer rastet, der rostet«? Vielleicht gilt diese Maxime sowohl für unser Gehirn als auch für andere Dinge.

Viele Menschen entscheiden sich in einem bestimmten Alter, in den Ruhestand zu gehen, und haben somit Zeit für Dinge, die sie gern tun. Manche reisen, einige helfen ihren erwachsenen Kindern und Enkelkindern, andere engagieren sich in ihrer Kirche und Nachbarschaft und wieder andere suchen sich neue Hobbys.

Ich habe zwar nicht vor, je offiziell in Rente zu gehen, aber mir ist bewusst, dass andere es tun. Der Ruhestand ermöglicht es Menschen, ihren Zeitplan umzugestalten. Die Zeit, die sie früher für den Weg zur Arbeit oder die Arbeit aufgewendet haben, steht ihnen nun zur Verfügung, um anderen Interessen nachzugehen. Das ist eine wunderbare Gelegenheit, immer weiter zu lernen.

Der Ruhestand ist eine wunderbare
Gelegenheit, immer weiter zu lernen.

Ich las von einer Frau, die fast ihr ganzes Leben in derselben Stadt gewohnt hatte und dort über 40 Jahre bei der Stadtverwaltung angestellt war. Sie liebte ihre Stadt sehr und wusste fast alles Wichtige, was dort in ihrer Zeit geschehen war, doch sie wusste sehr wenig über die Geschichte der Stadt vom Bürgerkrieg bis Anfang des 20. Jahrhunderts. Als sie in Rente ging, belegte sie als Erstes einen Kurs zur Stadtgeschichte bei einem örtlichen Historiker. Obwohl sie ihrer Stadt nicht mehr aktiv durch ihre Arbeit diente, fand sie einen neuen Weg, um mit ihr verbunden zu bleiben und sie wertzuschätzen. Sie ist eine von zahllosen Menschen, die den Ruhestand in einen Gewinn verwandeln, statt ihn als Verlust zu betrachten. Am Ende des Kurses wusste sie mehr als je zuvor über die Stadt, die sie liebte.

Während ich dieses Buch schrieb, stieß ich auf eine Geschichte, die uns ebenfalls ermutigt, nie aufzuhören zu lernen, ganz gleich, wie alt wir sind.

> Der Student kam stets früh zum Unterricht, saß an einem Tisch vorn in der Mitte und tat sich in meiner Klasse in mehr als nur einer Hinsicht hervor. Ich würde sagen, dass er ungefähr 40 Jahre älter war als seine Kommilitonen in meinem Grundstudiumsseminar der Kommunikationswissenschaften an der California State University in Los Angeles. An Gruppendiskussionen beteiligte er sich engagiert mit seinem selbstironischen Humor und der Weisheit seiner Lebenserfahrung. Und er begegnete den Perspektiven der anderen Studenten stets respektvoll, so als wäre jeder von ihnen ein Lehrer. Jerry Valencia kam immer mit einem Lächeln in den Raum – und er verließ ihn auch immer mit einem Lächeln.
>
> »Diese Studenten gaben mir die Sicherheit, dass ich mich wegen meines Alters nicht schämen musste«, sagt Valencia.
>
> Eines Tages begegnete ich ihm auf dem Campus. Er erzählte mir, dass er dieses Semester keine Kurse mehr belegen könne und sich im nächsten Jahr neu bewerben müsse. Er hoffte, bis dahin genug Geld als Bauarbeiter verdient und auch einen Studienkredit bewilligt bekommen zu haben. Doch er sagte, er würde trotzdem auf den Campus kommen, um an Veranstaltungen teilzunehmen oder sich mit seinen Freunden zu treffen. Höflich fragte er, ob er weiterhin zu meinem Kommunikationsseminar kommen könne.
>
> Natürlich sei das möglich, antwortete ich. Er würde nur keinen Leistungsnachweis erhalten.
>
> Kein Problem, erklärte er mir.
>
> Schon bald war er wieder da, saß an seinem alten Tisch vorn in der Mitte, beteiligte sich an unseren Diskussionen darüber, wie man in Los Angeles Geschichten finden und erzählen kann – ein 63-jähriger Cal-State-Student mit

ebenso viel Energie und Wissbegierde wie jeder der jungen Leute im Seminar.

Eine Hausarbeit über den Wandel von Stadtvierteln schrieb Jerry über ein beliebtes Restaurant in der Gegend, das »sang- und klanglos geschlossen« worden war. Er bezeichnete diese Entwicklung »erschütternd« und einen Raub der Kindheit. »Es ist fast so, als hätte jemand diese Kindheit gestohlen und durch einen rutschigen Hügel ersetzt, wo alles, was ihnen lieb und teuer ist, weggleiten wird«, schrieb er.

Viele von Valencias Kommilitonen wussten offenbar, dass er sich die Semestergebühren nicht leisten konnte; trotzdem bearbeitete er den gesamten Lernstoff.

»Da ist er und belegt bereitwillig ein Seminar, nur weil er Freude daran hat und um etwas zu lernen«, sagt Jessica Espinosa, eine 25-jährige Studentin im dritten Jahr. »Das sieht man in unserer Generation nicht.«

Auch zur Abschlussklausur erschien Jerry Valencia. Anschließend unterhielten sich die Studenten und ich hörte Valencia sagen, dass er bis zu seinem Masterabschluss weiterstudieren wolle. Allerdings hatte er schon 12 Jahre für den Abschluss an der Abendschule gebraucht, also hatte er noch einen langen Weg vor sich.

12 Jahre?

Er musste, je nach Arbeitsplan und je nachdem, ob er das Geld für die Kurse hatte, immer wieder das Studium unterbrechen, erzählte er. Er hatte im Sommer ein Vordiplom gemacht und war dann an die Cal State LA gewechselt, um mit seinem Bachelorstudium zu beginnen.

Ich musste mehr erfahren.

Valencia lebt momentan in einer Trailer-Siedlung. Als ich eintraf, begrüßte er mich und goss mir eine Tasse Kaffee ein.

Er erzählte mir, dass sein Vater in einer Ziegelei und am Fließband in einer Autofabrik gearbeitet hatte. Seine Mutter war Hausfrau. Die meisten seiner sieben Geschwister hatten nicht studiert und keiner von ihnen hatte einen Studienabschluss gemacht. Valencia ist fest entschlossen, der Erste zu sein, trotz seines späten Einstiegs.

Er berichtete, er sei ein durchschnittlicher Schüler gewesen, der Probleme mit Mathematik hatte und ein Jahr nach seinem Highschool-Abschluss an die Abendschule ging, um sich weiterzubilden. Bald fand er jedoch, das sei nichts für ihn. Er wurde Bauarbeiter und ging dann ins Versicherungswesen, aber er hatte schon immer gern geschrieben und Kreuzworträtsel gelöst. »Und ich habe unheimlich gern gelesen. Und viel«, erzählte er.

Außerdem schaute er gern zusammen mit seiner Mutter die Sendung Jeopardy! und er scherzte mit ihr, dass – wenn je einer von ihnen im Lotto gewinnen oder er bei Jeopardy! antreten würde – er den Gewinn fürs Studium benutzen würde.

Um das Jahr 2007 herum war er es leid, sich einzureden, er würde irgendwann noch einmal studieren. Er sagte zu seiner Mutter, dass er es jetzt endlich tun würde.

»Als ich anfing zu studieren, sagte sie: ›Ich hoffe, du schaffst es, Jerry.‹ Und ich antwortete: ›Ich werde es schaffen, Mama. Ich werde es schaffen.‹«

Der Plan war, seine Erfahrung im Baugewerbe zu nutzen und Bauingenieurwesen zu studieren. Doch er entdeckte andere Interessen.

»Er war nicht der jüngste Student«, berichtet Grant Tovmasian, Leiter des Rhetorik-Debattierteams, dem Jerry Valencia beitrat. »Aber er war der motivierteste und engagierteste.«

Tovmasian sagt, Valencia war ein hervorragender Teamplayer im Rhetorikkurs, der seine Kommilitonen ermutigte und mit seinem Wunsch inspirierte, sich weiterzubilden und ein erfüllteres Leben zu führen.

Jerry Valencias Schwester Sindi Majors sagt, ihr Bruder war schon immer intelligent, musste aber einige schwierige Phasen in seinem Leben durchmachen.

»Er war im Prinzip obdachlos«, sagt Majors, die Elektrikerin und mittlerweile im Ruhestand ist. Sie kaufte ihm einen Trailer, um ihm auszuhelfen, und dort lebte er von 2009 bis 2018.

Valencias Entschlossenheit, ein komplettes Studium zu absolvieren und anschließend einen Masterabschluss zu machen, hat etwas herrlich Irrationales. Bei seinem gegenwärtigen Tempo wird er 90 Jahre alt sein, wenn er sich endlich seine Abschlussurkunde an die Wand hängen kann.

Doch das scheint nicht von besonderer Bedeutung zu sein. Er findet die jugendliche Energie und akademischen Chancen sehr anregend.

Jerry Valencias Note in meinem Seminar dieses Semester wird nicht in seine Endnote eingerechnet. Aber ich gebe ihm eine 1 – und in den Bereichen, die wirklich wichtig sind, zählt diese Note.*

Bleib am Ball

Warum proben Musiker und Tänzer häufiger, als sie auftreten? Die Proben sorgen dafür, dass sie aktiv und ihre Fähigkeiten und Talente auf dem höchsten Niveau bleiben. Wenn sie nie proben und trainieren würden, würden ihre Auftritte darunter leiden. So ist es auch mit unserem Gehirn: Gebrauchen wir es nicht mehr als unbedingt nötig, stellen wir vielleicht irgendwann fest, dass es nicht mehr besonders gut funktioniert,

---

* Steve Lopez, »A Man in His 60s Working Towards His Masters Proves That You're Never too Old to Learn« (»Ein Mann über 60, der auf seinen Masterabschluss hinarbeitet, beweist, dass man zum Lernen nie zu alt ist«). *Reader's Digest*, 21. Januar 2020; ursprünglich in etwas anderem Format in der *Los Angeles Times* am 5. Dezember 2018 veröffentlicht.

wenn wir es wirklich benötigen. Das Gleiche gilt für unseren Körper: Wenn wir unsere Muskeln nicht gebrauchen, beginnen sie, sich zurückzubilden.

Halte deinen Verstand und Körper aktiv. Fülle beides mit Dingen, die sie stärken und nähren, und dein Verstand und Körper werden dir auch im Alter noch gute Dienste erweisen.

Halte soziale Kontakte aufrecht

Manche Menschen behaupten, sie seien lieber allein und würden sich nichts aus der Gesellschaft anderer machen, aber eine solche Haltung ist am Ende schädlich. Wir brauchen einander, selbst wenn wir nicht die Anstrengung auf uns nehmen wollen, gute Beziehungen aufzubauen und aufrechtzuerhalten. Reden und Zuhören sind beides gute Übungen, die uns in unserem sozialen Umgang helfen. Die meisten Menschen haben interessante Lebensgeschichten, wenn wir uns die Zeit nehmen, ihnen zuzuhören. Zuhören ist eine Möglichkeit, anderen Liebe zu zeigen.

Unsere Tochter war eines Tages beim Einkaufen. Als sie ein Geschäft verließ und zu ihrem Auto ging, musste sie am Bordstein warten, bis einige Autos vorbeigefahren waren. Ein älterer Herr stand ebenfalls da und sprach sie an. Sie musste an dem Tag noch diverse Dinge erledigen und wollte los, um alles zu schaffen, aber sie merkte, dass der Mann einfach jemanden brauchte, der ihm eine Weile zuhörte. Sie stand ungefähr eine Viertelstunde dort und ließ ihn reden. Wahrscheinlich wird sie den Mann nie wiedersehen, aber ihm zuzuhören, tat sowohl ihr als auch ihm gut. Dass sie ihm ihre Zeit schenkte, war vielleicht wichtiger als alles andere, was sie an diesem Tag tat.

Tu, was du kannst, um gut für dich zu sorgen, und es wird sich im Alter auszahlen.

»Ich habe erkannt, dass eines der klügsten Dinge, die wir beim Älterwerden tun können, darin besteht, Beziehungen zu den weisesten Menschen aufzubauen, die wir finden können, und ihnen so viele Fragen zu stellen, wie sie bereit sind, zu beantworten.«

B. C.

KAPITEL 5

Zu einem neuen Normalzustand finden

Wenn wir eine Situation nicht mehr ändern können, sind wir aufgefordert, uns selbst zu ändern.

Viktor Frankl

»Normal« bedeutet »gewöhnlich«, und wenn wir das tun, was die Menschen in unserem Umfeld gewöhnlich tun, neigen wir dazu, uns für normal zu halten. Doch ich habe gelernt, dass wir alle unsere eigene Art von Normalität haben – und in den unterschiedlichen Phasen des Alterungsprozesses müssen wir häufig zu einem neuen Normalzustand finden. Dinge, die in einer bestimmten Lebensphase völlig normal für uns waren, können zu anderen Zeiten unklug oder sogar unmöglich sein.

In den unterschiedlichen Phasen des Alterungsprozesses müssen wir häufig zu einem neuen Normalzustand finden.

Wenn das Alter oder gesundheitliche Probleme Veränderungen in gewissen Lebensbereichen erforderlich machen, dann versuche, diese Umstellungen als Abenteuer zu betrachten statt als Verlust. Ich erinnere mich an eine Zeit, in der sich aufgrund des Wachstums unserer Organisation etwas in meinem Leben ändern musste, von dem ich nicht wollte, dass es sich ändert. Als ich mich bei einer weisen Freundin darüber beklagte, antwortete sie: »Du wirst dich an einen neuen Normalzustand gewöhnen müssen. Was in dieser Phase deines Lebens richtig für dich ist, das ist dein neuer Normalzustand.«

Eine gute Einstellung kann den Unterschied ausmachen, wie leicht oder schwer uns Veränderung fällt. Unsere Perspektive oder die Art und Weise, wie wir über Dinge denken, sorgt dafür, dass wir Veränderungen entweder genießen oder uns gegen sie wehren. Wenn eine Veränderung ansteht, müssen wir als Erstes unsere Einstellung zu dieser Veränderung ändern. Menschen, die sich weigern, sich zu verändern, werden nie wachsen.

Ich weiß noch, wie Dave und ich früher die Post für unsere Organisation abholten. An einem typischen Morgen gingen wir zu unserem Postfach, holten die wenigen Briefe, die angekommen waren, gingen in ein Café und öffneten und lasen die Post. Damals taten wir fast alles, um die Organisation am Laufen zu halten. Ich beantwortete die gesamte Post per Schreibmaschine. Ich führte alle Bewerbungsgespräche und stellte neue Mitarbeiter ein. Dave und ich trafen jede Entscheidung, die zu treffen war.

Menschen, die sich weigern, sich zu verändern, werden nie wachsen.

Damals bedeutete ein normaler Tag für uns, dass wir aufstanden und spätestens um 9 Uhr im Büro waren und dort den ganzen Arbeitstag verbrachten. Ein solches Programm wäre für uns heute unnormal – und nicht nur unnormal, sondern auch falsch. Es würde uns nämlich daran hindern, das zu tun, was wir in dieser Phase unseres Lebens tun müssen.

Im Laufe der Jahre, besonders in den letzten fünf Jahren, haben Dave und ich immer weniger tun müssen. Wir sind nicht mehr so jung wie früher und brauchen mehr Ruhe als noch vor Jahren. Heute bin ich drei bis fünf Tage im Monat im Büro. Ich erledige den größten Teil meiner Arbeit zu Hause, wo ich Predigten vorbereite und Bücher schreibe.

Wir reisen auch regelmäßig, aber nicht mehr so viel wie früher. Jahrelang hielten wir normalerweise 36 Konferenzen im Jahr ab und hatten 15 bis 20 zusätzliche Vortragstermine. Mein neuer Normalzustand sind zwölf Konferenzen im Jahr; außerdem schreibe ich pro Jahr zwei bis drei Bücher, mache Studioaufnahmen für unsere Fernsehsendung und nehme an insgesamt vielleicht zwölf weiteren Veranstaltungen teil. Darunter fallen Vorstandssitzungen, Planungstreffen, ein Mitarbeitergottesdienst und andere Aktivitäten, die unsere Zeit beanspruchen. Doch wie ich bereits erwähnt habe, staune ich, dass wir jetzt mehr Menschen erreichen, obwohl wir weniger arbeiten als zu irgendeinem anderen Zeitpunkt in unserem Leben.

Ich weiß noch, wie schwer uns die Entscheidung fiel, nur noch 24 statt 36 Konferenzen pro Jahr zu veranstalten. Es bedeutete, dass wir Gott mehr vertrauen mussten, denn weniger Konferenzen bedeuteten auch weniger Einnahmen. Als wir von 24 auf 18 Konferenzen gingen, war das ebenfalls eine Herausforderung für uns, ebenso wie das Reduzieren von 18 auf 12 Konferenzen.

Wir lernten eine entscheidende Lektion, als wir beteten und versuchten, im Hinblick auf unsere Konferenzen – die uns viel Zeit und Kraft kosten – so weise wie möglich zu planen. Wir lernten, dass es sehr wichtig ist, Gottes Führung zu folgen, wenn es um den richtigen Zeitpunkt für Veränderungen geht, denn wo Gott führt, wird er auch immer versorgen. Jedes Mal, wenn wir die Anzahl der Konferenzen reduzierten, kam das Geld, das wir brauchten, trotzdem herein, denn *Gott* ist unsere Quelle, nicht die Konferenzen.

Gib den Dingen Zeit

Jedes Mal, wenn wir eine größere Veränderung vornehmen, kommt uns das zunächst unnormal vor, aber mit der Zeit gewöhnen wir uns an die neue Situation. Hoffentlich werden wir sogar beginnen, sie zu mögen. Ich gewöhne mich immer noch daran, mehr zu Hause zu sein, doch es wird immer normaler für mich. Wenn ich heute mehr als sonst von zu Hause fort sein muss, vermisse ich es, dort zu sein.

Es ist erstaunlich, wie wir etwas, das wir anfangs nicht

mochten, am Ende doch mögen. Wir können eine Veränderung hassen, wenn sie neu ist, und sie später so sehr lieben, dass wir uns wünschen, wir hätten sie schon früher umgesetzt. Wenn etwas in deinem Leben momentan unnormal für dich scheint, dann gib der Sache etwas Zeit. Vielleicht stellst du fest, dass du dich doch gut auf deinen neuen Normalzustand einstellen kannst.

Nachdem ich 2017 krank geworden war, war ich *gezwungen*, Veränderungen vorzunehmen. Hätte ich mich für diese Veränderungen *entschieden*, als es eigentlich dran gewesen wäre, wäre ich später nicht dazu gezwungen gewesen. Heute sehe ich, dass Gott mir schon lange nahelegte, mich mehr auszuruhen, aber ich war in meinem »Flow«. Und obwohl dieser Flow immer schwieriger wurde, wusste ich nicht, wie ich aufhören sollte.

Ich habe bereits erwähnt, dass eines der ersten beunruhigenden Symptome der Nebennierenermüdung ein trockener, brennender Mund war. Einmal war es so schlimm, dass ich anfing, die Stimme zu verlieren, wenn ich zu viel sprach. Ich musste deshalb einen Vortrag absagen und das war sehr schwer für mich. Weil ich die Bibel lehre, muss ich sprechen können. Da eines meiner größten Probleme mein Mund war, musste ich zu einem neuen Normalzustand finden.

Probleme im Mund sind nicht die einzigen Anzeichen für eine Nebennierenermüdung. Ich hätte auch andere Symptome haben können, doch die hätte ich vielleicht ignoriert und mich durchgekämpft. Doch als mein Mund betroffen war, hatte ich das Gefühl, dass Gott mich in eine Ecke gedrängt hatte und es keinen Ausweg mehr gab. Ich *musste* meine Denkweise darüber ändern, wie viel ich tun konnte. Ich konnte nicht mehr alles machen.

Ich musste anfangen, einige meiner Aufgaben und bestimmte Dinge, die ich immer getan hatte, an andere zu delegieren. Das fiel mir nicht leicht. Zuzuschauen, wie andere Menschen das taten, was ich früher getan hatte, war wirklich schwierig. Ich musste aufpassen, nicht darauf zu bestehen, dass sie alles so machen, wie ich es gemacht hatte. Indem ich ihnen eine gewisse Freiheit gab, sich als Individuen zu entfalten, taten viele von ihnen nicht nur das, was ich getan hatte, sondern sie taten und tun es besser als ich. Sie arbeiten, ich ruhe mich aus und das Ergebnis wird immer besser!

Ich hoffe, du wirst aus meiner Erfahrung lernen. Ich empfehle dir wärmstens, zu verändern, was verändert werden muss, bevor du dazu gezwungen wirst. Das Leben ist eine Abfolge von Veränderungen, und um gesund und glücklich zu bleiben, müssen wir uns auf sie einlassen, statt uns gegen sie zur Wehr zu setzen. Etwas zu hassen, das sich verändert hat und nie wieder in seinen vorherigen Zustand zurückkehren wird, ist Zeitverschwendung. Es kann einen Menschen bitter und nachtragend machen. Das muss jedoch nicht passieren, wenn du dich dafür entscheidest, dich auf die Veränderung einzulassen und sie als deinen neuen Normalzustand zu akzeptieren.

Wer entscheidet, was normal ist?

Wenn Dave etwas tun oder nicht tun will, sagt er oft: »Man sagt, das sei das Beste.« Ich kontere immer und frage ihn, wer genau »man« ist. Fast immer sind es Menschen, die wir nicht kennen! Warum sollten wir einem Haufen Fremder die Entscheidung überlassen, was für uns normal zu sein hat? Um die Freiheit zu genießen, wirklich wir selbst zu sein, müssen wir uns gegen die Anziehungskraft der Welt stemmen und entschlossen einzigartig sein. Normal zu sein, bedeutet nicht, dass du in jeder Hinsicht so bist wie andere Menschen. Du kannst völlig normal sein und dennoch Dinge ganz anders angehen als andere.

Die einzige Möglichkeit, das Älterwerden erfolgreich zu meistern, besteht darin, sich auf einen neuen Normalzustand einzustellen, wann immer das nötig ist. Obwohl dies keine solide wissenschaftliche Tatsache ist, erscheint es mir, dass sich Aspekte unseres Körpers, Verstandes und Gefühlslebens mit jedem Jahrzehnt irgendwie verändern. Etwa vier Jahrzehnte lang geht es ständig bergauf und wir übernehmen immer mehr Verantwortung. Dann pendelt sich alles für zwei Jahrzehnte auf einem gewissen Niveau ein und alles ist gut. Wir wissen, was wir tun, und es gelingt uns. Es funktioniert und wir machen vielleicht den Fehler zu meinen, dass sich daran nie etwas ändern wird. Doch das wird es. Wenn du mehrere Jahrzehnte überlebt hast und jetzt im letzten Teil des Lebens bist, stellst du wahrscheinlich fest, dass du dich – so wie ich – in einer Phase befindest, in der sich die Dinge schneller verändern als in deinen jüngeren Jahren.

Du kannst völlig normal sein und dennoch Dinge ganz anders angehen als andere.

Wenn wir älter werden, beginnen sich unsere Fähigkeiten auf jeden Fall zu verändern. Doch ich habe festgestellt, dass auch unsere Wünsche sich zu verändern beginnen. Es ist Gott, der uns den Wunsch und den Willen gibt zu tun, was ihm Freude macht (vgl. Philipper 2,13). Ein Nachlassen oder die Abwesenheit von Wünschen ist ein Weg, auf dem Gott uns wissen lässt, dass eine Veränderung ansteht. Als es für mich Zeit wurde, weniger zu reisen und Vorträge zu halten, merkte ich, dass ich diese Dinge auch nicht mehr so oft tun *wollte* wie zuvor. Seltsamerweise dachte ich, obwohl ich nicht mehr so viel reisen und Vorträge halten wollte, dass ich es *sollte*. Ich konnte anderen gegenüber nicht einmal zugeben, dass sich meine Wünsche veränderten, weil ich nicht wollte, dass sie dachten, ich würde nicht mehr in Bestform sein, bequem werden oder meine Träume aufgeben.

Ich gab nicht meine Träume auf – ich lebte meinen Traum! Ich weiß noch, wie ich unter Tränen betete und Gott anflehte, er möge mich Menschen auf der ganzen Welt helfen lassen. Zunächst dachte ich, ich müsste dazu physisch bei ihnen sein.

Inzwischen habe ich aber begriffen, dass ich einen Tag lang zu Hause bleiben und über das Fernsehen in 30 Minuten mehr Menschen erreichen kann, als wenn ich auf der ganzen Welt unterwegs bin und mich ständig verausgabe. Gott hat großartige neue Ideen und Pläne für uns, wenn wir nur mutig genug sind, uns von ihm einen neuen Normalzustand schenken zu lassen.

Um etwas Neues zu ergreifen, müssen wir immer etwas Altes loslassen. Das ist etwas Gutes, nichts Schlechtes. Wenn wir Gott gegenüber etwas im Gehorsam aufgeben, gibt er uns etwas Besseres zurück.

Ich möchte dir nahelegen, loszulassen und Gott die Führung in deinem Leben anzuvertrauen. Hör auf dein Herz statt auf deinen Kopf, denn nur so kannst du erkennen, wann es an der Zeit ist, etwas zu verändern.

Grenzen setzen

In der Bibel steht alles Mögliche über Grenzen, schon im Alten Testament. Natürlich ist dort von geografischen Grenzen die Rede – das sind einfach Grenzlinien, die zeigen, welches Land welchem Volk gehört. Diese physischen Grenzen dienen dazu, Feinde draußen zu halten und gleichzeitig Sicherheit für die Einwohner innerhalb der Grenzen zu gewährleisten.

Heute gebrauchen wir das Wort *Grenzen* auch, um die Schranken zu beschreiben, die Menschen in Beziehungen oder in der Art und Weise errichten, wie sie ihre Zeit, Kraft oder andere Ressourcen einsetzen. Wer ohne solche Grenzen lebt, führt ein undiszipliniertes, fruchtloses Leben. Wenn wir in unserem Leben Grenzen setzen, gefällt das nicht jedem, und nicht jeder ist bereit, diese zu respektieren, es sei denn, wir stehen fest in unserer Entscheidung, sie aufrechtzuerhalten.

Es gibt kein Jahrzehnt im Leben, in dem wir keine Grenzen brauchen – obwohl diese Grenzen je nach Lebensphase angepassst werden müssen. Tatsächlich wird es dir später helfen, wenn du Grenzen um deine Zeit und Kraft ziehst. Jeder von uns ist dafür verantwortlich, seine eigenen Grenzen zu setzen und diese zu verteidigen. Wenn du dich beispielsweise entscheidest, dir einen Tag in der Woche als »Nichtstun-Tag« oder Ruhetag zu nehmen, dann bleib dabei, auch wenn dich jemand auffordert, an diesem Tag etwas zu tun. Ich kann dir versprechen: Grenzen, die du setzt, werden auf die Probe gestellt. Menschen, die mit deinen Grenzen nicht einverstanden sind, werden dagegen angehen, um zu sehen, ob du sie aufgibst. Manchmal brauchen genau diese Menschen die gleichen Grenzen in ihrem eigenen Leben und deshalb können sie diese in deinem Leben nicht respektieren. Halte stand und bald werden andere deine Grenzen akzeptieren. Vielleicht lernen sie sogar von dir, sich selbst Grenzen zu setzen.

Wer ohne Grenzen lebt, führt ein undiszipliniertes, fruchtloses Leben.

Ich erinnere mich an eine Zeit, als der Ausdruck »Leben auf der Überholspur« populär war und für viele Menschen cool klang. Es bedeutete, beschäftigt und in vielen Bereichen engagiert zu sein, hart zu arbeiten, das Leben intensiv zu genießen, viel zu erreichen und wahrscheinlich nicht genug zu schlafen, während man mit den Leuten zusammen ist, die »in« sind. Ich denke, ich kann sagen, dass ich ungefähr fünf Jahrzehnte auf der Überholspur gelebt habe, aber ich bezahle dafür in den paar Jahrzehnten, die mir noch bleiben. Hätte ich nur vor Jahren kleine Veränderungen vorgenommen, müsste ich heute keine großen Veränderungen vornehmen. Doch das ist mein neuer Normalzustand – und ich stelle mich darauf ein und nehme ihn an.

Hast du sichere Grenzen in deinem Leben oder stehst du einfach jeden Tag auf und versuchst, alle Anforderungen zu erfüllen, die man an dich stellt, ohne Widerstand zu leisten oder abzuwägen, was ein Ja zu bestimmten Bitten dir abverlangen würde? Versuchst du, für alle Menschen in deinem Leben jederzeit da zu sein? Sagst du »Ja«, wenn dein Herz »Nein!« schreit?

Vielleicht ist dir die Idee vom Grenzen-Setzen neu. Vielleicht bringt dir das Wissen, dass es legitim ist, Grenzen um dein Leben zu ziehen, ein Gefühl der Hoffnung und Erleichterung. Viele Menschen schauen auf das, was sie täglich tun, und betrachten es einfach als etwas, das sie tun müssen – also tun sie es immer weiter, bis es sie behindert oder sogar vorzeitig ins Grab bringt. Ich möchte sichergehen, dass du weißt: Du hast ein Recht auf Frieden, Ruhe, Erholung, guten Schlaf, Lachen, gesundes und hochwertiges Essen und darauf, einige der Dinge zu tun, die du gern tun möchtest. Wenn du aber nicht auf dieses Recht bestehst, wird es dir jemand wegnehmen, indem er darauf besteht, dass du etwas für ihn tust.

Sagst du »Ja«, wenn dein
Herz »Nein!« schreit?

Die Anforderungen, die an uns gestellt werden, sind je nach Lebenssituation unterschiedlich. Ich persönlich war unter anderem deshalb irgendwann so überlastet und nicht mehr gesund, weil ich nicht »Nein« sagte. Ich hätte bessere Grenzen bei zumindest einigen der Personen setzen sollen, die mich baten, ihnen einen Gefallen zu tun und für sie in der Gemeinde ihrer Freunde zu predigen oder das Vorwort zu ihrem neuen Buch zu schreiben oder bei ihrer Konferenz einen Vortrag zu halten oder gefühlt hundert andere Dinge zu tun. Manches davon tue ich immer noch, aber immer weniger, je älter ich werde. Menschen, die mich lieben, ermutigen mich zu tun, was ich tun muss, und sind niemals beleidigt, wenn ich sage: »Ich würde das wirklich gern für dich tun, aber in meiner aktuellen Lebenssituation kann ich es einfach nicht.« Wenn wir anfangen, Grenzen zu setzen, finden wir heraus, wer uns um unser selbst willen liebt und nicht nur wegen der Dinge, die wir für sie oder ihn tun können.

»Älter zu werden bedeutet, es mit Begrenzungen zu tun zu haben. Der beste Weg, mit ihnen umzugehen, ist, sich nicht dagegen zu wehren, sondern sie zu akzeptieren. Sei bereit, um Hilfe zu bitten, wenn du aufgrund deiner Begrenzungen Hilfe brauchst. Und nimm sie als Chance wahr, kreativ zu sein.«

M. M.

KAPITEL 6

Kannst du immer tun, was du immer getan hast?

Nur Narren meinen, sie könnten immer tun, was sie immer getan haben.

Henry Cloud

Henry Clouds Beobachtung zu Menschen, die meinen, sie könnten immer das tun, was sie schon immer getan haben, hat mich nachhaltig beeindruckt. Besonders in jüngeren Jahren denken die meisten von uns, sie würden immer in der Lage sein zu tun, was sie tun wollen. Das ist töricht, denn der Alterungsprozess, der sich nicht verhindern lässt, verlangt, dass wir an den Dingen, die wir tun, etwas ändern. Zumindest erfordert das Älterwerden, dass wir die Häufigkeit oder Intensität dieser Tätigkeiten ändern.

Ich habe von vielen Menschen gehört, die über lange Phasen ihres Lebens als »ausgezeichneter Koch« oder »großartige Tennisspielerin« bekannt waren. Manche Menschen haben viele Stunden in der Sonne verbracht, um attraktive Rasenflächen oder fruchtbare Gärten anzulegen, während andere wunderschön nähen konnten. Diese körperlichen Aktivitäten sind aus verschiedenen Gründen wichtig. Sie halten Menschen geistig oder körperlich aktiv, erlauben ihnen, sich Ziele zu setzen und zu erreichen, und bieten Gelegenheiten für Erfolg und Erfüllung. Aber je länger Menschen leben, desto mehr müssen sie sich auf ihre sich verändernden Fähigkeiten einstellen.

Ganz gleich, wie gern wir bestimmte Dinge im Moment tun: Es ist ratsam, uns einzugestehen, dass wir nicht immer dazu in der Lage sein werden. Ich glaube, alles verändert sich auf irgendeine Weise, ob wir es wollen oder nicht. Wir sind dankbar, sagen zu können: »Auch das geht vorbei«, wenn wir Probleme haben, doch dieser Spruch gilt auch, wenn es für uns gut läuft und wir unser Leben genießen.

Ich will damit nicht sagen, dass gute Dinge schlecht werden, sondern dass das Gute in den guten Dingen von heute sich irgendwann zu einer anderen Art von Gutem wandeln muss. Ich glaube fest daran, dass das, was ich jetzt in meinem Leben tue, gut ist. Ich tue genau das, was ich tun soll, doch es unterscheidet sich erheblich von dem, was ich früher getan habe, und ich weiß, dass ich in Zukunft weitere Veränderungen werde vornehmen müssen.

Die Jugend ist eine schöne Zeit im Leben, doch unsere späteren Jahre sind genauso schön.

Die Jugend ist eine schöne Zeit im Leben, doch unsere späteren Jahre sind genauso schön. Wir mögen alte Menschen anschauen und denken: »Sie sind am Ende. Sie können mit dem heutigen Zeitgeist nichts mehr anfangen. Ihr Leben ist im Grunde vorbei. Schau nur, wie faltig sie sind, wie weiß ihr Haar ist und wie langsam sie gehen.« Stattdessen sollten wir uns vor Augen halten, dass jede Falte und jedes graue Haar für eine Erfahrung steht und dass wir von allen ihren Erfahrungen profitieren könnten, wenn wir sie nur genug respektieren würden, indem wir innehalten und hören, was sie zu sagen haben.

Unser Wert liegt nicht in dem, was wir tun, sondern darin, wer wir als Person sind.

Ich habe mich oft gefragt: »Wenn ich nicht mehr im vollzeitlichen geistlichen Dienst tätig sein kann, wird mich dann irgendwann jemand fragen: ›Waren Sie nicht früher einmal Joyce Meyer?‹?« Sollte das passieren, dann hätte ich die Chance zu sagen: »Ich bin immer noch Joyce Meyer – nur eine weisere und erfahrenere Version von ihr!« Manche Menschen neigen dazu, zu denken, dass wir, wenn wir nicht mehr tun, was wir früher getan haben, nicht mehr sind, wer wir früher waren. Das ist einfach nicht wahr. Unser Wert liegt nicht in dem, was wir tun, sondern darin, wer wir als Person sind. Unser Wert liegt in unserem Charakter, unseren Erfahrungen und darin, ob wir wirklich gelernt haben, Gott und Menschen zu lieben – oder nicht.

Lerne, dein Sein von deinem Tun zu unterscheiden

Das Wichtigste in deinem Leben ist nicht, was du tust, sondern wer du bist. Welcher Wert liegt darin, alle möglichen guten Taten zu tun, aber keine Liebe zu haben? Die Bibel sagt, Menschen, die so leben, sind nichts weiter als ein *dröhnender Gong* (vgl. 1. Korinther 13,1-8). Manche Menschen haben viel Charisma und können andere beeindrucken, doch sie haben nicht den Charakter, der nötig ist, um sich dort zu halten, wo ihre Begabung sie hingebracht hat.

Wie oft sehen wir jemanden, den man als »Senkrechtstarter« oder als »Blitzerfolg« bezeichnet, nur um dann mitanzusehen, wie diese Person rasch abstürzt und aus dem Gedächtnis der Menschen verschwindet? Das passiert viel zu häufig und oft liegt es daran, dass solche Personen zwar Talent haben, aber keinen Charakter. Sie können beeindruckende Dinge tun oder erreichen, aber ihr Charakter ist nicht entwickelt. Wenn Menschen Talente haben, die sie vor ein großes Publikum stellen, ist es viel besser für sie, langsam zu wachsen und hart arbeiten zu müssen, um an die Spitze zu kommen, als an der Spitze anzufangen und dann abzustürzen.

Die Anzahl der Menschen, die wir durch die Arbeit unserer Organisation erreichen konnten, wuchs nach und nach über einen Zeitraum von zwanzig oder mehr Jahren. Ende der 1970er-Jahre begann ich, einen Bibelkreis zu leiten. Daran nahmen 25 Personen teil und ich leitete diese Gruppe fünf Jahre lang. Dann arbeitete ich fünf Jahre in einer Gemeinde und hatte dort mehr Möglichkeiten. Unter anderem leitete ich eine Frauengruppe mit zuletzt 400-500 Teilnehmerinnen. Dann gründeten wir unseren eigenen Dienst und fingen an, kleine Treffen in Ballsälen von Hotels und privaten Veranstaltungssälen abzuhalten, wo wir zwischen fünfundsiebzig und ein paar Hundert Menschen erreichten. Nachdem wir ins Fernsehen kamen, wuchsen unsere Möglichkeiten exponentiell. Heute, 45 Jahre später, bin ich immer noch da und tue, wozu Gott mich berufen hat.

Das Wichtigste in deinem Leben
ist nicht, was du tust, sondern wer
du bist.

Es ist es wert, Menschen und Organisationen langsam wachsen zu lassen, denn so haben sie Zeit, sich auf den zunehmenden Druck größerer Leitungsverantwortung einzustellen. Wenn Menschen an die Spitze gestellt werden, nur weil sie ein beeindruckendes Talent haben, und keine Gelegenheiten hatten, den Preis für den Aufstieg zu zahlen, sind die Folgen und Ergebnisse selten positiv. In den mageren und herausfordernden Jahren, die ich im Dienst durchlebt habe, lernte ich Folgendes: Wer ich als Mensch bin, ist wichtiger als das, was ich vor einem Publikum tue.

Die Bibel sagt, dass wir Neubekehrten keine Führungspositionen anvertrauen sollten, weil sie sich aufgrund von Stolz töricht verhalten könnten (vgl. 1. Timotheus 3,6). Wenn wir voller Stolz sind, kann es sein, dass wir andere, die wir als weniger wichtig betrachten als uns selbst, schlecht behandeln. Wer sich so verhält, wird einen schlechten Charakter entwickeln und kein gutes Vorbild für andere sein. Solche Menschen kommen rasch zu Fall, denn obwohl andere sich an ihren Talenten erfreuen mögen, wollen sie schließlich diejenigen respektieren, denen sie folgen.

Es gibt allerdings auch Ausnahmen. Manche junge Menschen wurden schon früh gelehrt, einen starken Charakter zu entwickeln. Andere profitieren von einer ausgezeichneten Erziehung und sind viel weiser, als es für ihr Alter typisch ist. Ich will also nicht sagen, dass schnell befördert zu werden *nie* funktioniert – nur *meistens* ist das nicht der Fall.

Dein Vermächtnis

Es wird die Zeit kommen, in der du und ich nicht mehr auf dieser Erde sein werden. Unser Leben wird anderen hoffentlich in guter Erinnerung bleiben, doch wir selbst werden nicht mehr da sein. Wenn wir während unseres irdischen Lebens an Jesus als unseren Retter und Herrn glauben, dann werden wir nach dem Tod in seiner Gegenwart im Himmel leben. Welches Vermächtnis werden wir hinterlassen?

Als ich jung war, dachte ich nicht viel über mein Vermächtnis nach. Heute aber, als älterer Mensch, tue ich das oft. Ich möchte, dass Menschen sich an mich als eine gottesfürchtige Frau erinnern, die nicht nur Gott, sondern auch Menschen liebte. Ich möchte als eine Person in Erinnerung bleiben, die das Wort Gottes zutreffend und praktisch lehrte, um Menschen zu helfen, in ihrem Alltag für Gott zu leben. Ich möchte ein Vermächtnis hinterlassen, das noch in Hunderten von Jahren (falls Jesus bis dahin noch nicht wiedergekommen ist) für andere wertvoll ist.

Was ist ein Vermächtnis? Es ist das, was wir anderen hinterlassen, und ich glaube, dass die Lehrmaterialien und Bücher, in die ich meine Energie stecke, ein Teil meines Vermächtnisses sind. Ein Vermächtnis zu hinterlassen, das zum Segen für andere wird, ist einer der Hauptgründe, warum ich weiterhin tue, was ich tue – doch ich weiß, dass das, was ich tue, nicht so wichtig ist, wie wer ich als Mensch bin.

Andere Menschen sehen uns vielleicht
nicht hinter verschlossenen Türen –
Gott schon.

Was wir in der Öffentlichkeit tun, unterscheidet sich oft sehr von dem, was wir im Privaten tun, doch so sollte es nicht sein. Andere Menschen sehen uns vielleicht nicht hinter verschlossenen Türen – Gott schon. Wer einen guten, bewährten Charakter hat, begreift, dass Gott immer bei allem zuschaut, was er oder sie tut. Und so versuchen solche Menschen, ihr Bestes für Gott zu geben, statt die Bewunderung anderer anzustreben.

Ein gutes Ende

Gegen Ende seines Lebens schrieb Paulus an Timotheus: *Ich habe den guten Kampf gekämpft, den Lauf vollendet und bin im Glauben treu geblieben* (2. Timotheus 4,7). In Hebräer 12,1 heißt es, wir sollen *den Wettlauf bis zum Ende durchhalten, für den wir bestimmt sind.* Ich möchte meinen *Lauf* gut vollenden und du sicher auch.

Ich glaube, ein gutes Ende zeichnet sich dadurch aus, dass wir in Zusammenarbeit mit dem Heiligen Geist den Auftrag erfüllen, den Gott uns gegeben hat. Wenn wir das zu Ende bringen wollen, was Gott uns aufgetragen hat, müssen wir gegen die Feinde ankämpfen, die versuchen, uns aufzuhalten. Wir werden standhaft im Glauben bleiben müssen. Wir werden geduldig und unerschütterlich, hingegeben und entschlossen sein müssen. Das alles sind Charaktereigenschaften, die wir entwickeln, wenn wir lernen, in jeder Lebensphase stark zu sein.

Ein besonders eindrücklicher Text des Apostels Paulus steht in Apostelgeschichte 20,22-24:

> *Nun gehe ich nach Jerusalem, unwiderstehlich gezogen vom Heiligen Geist, ohne genau zu wissen, was mich dort erwartet, obwohl der Heilige Geist mir in jeder Stadt gesagt hat, dass mich Gefangenschaft und Leid erwarten. Doch mein Leben ist mir nicht der Rede wert, es sei denn, ich nutze es, um das zu tun, was der Herr Jesus mir aufgetragen hat – das Werk, anderen die Botschaft von Gottes Gnade zu bringen.*

Diese Bibelstelle hat mich oft zum Weitergehen ermutigt, wenn mir eher nach Aufgeben zumute war. Zu vollenden, was Gott mir aufgetragen hat, ist mir sehr wichtig. Das heißt aber nicht, dass ich immer tun kann, was ich immer getan habe. Ich werde mich anpassen und der Wegweisung Gottes folgen müssen, um Veränderungen vorzunehmen, die es mir ermöglichen, bis zum Ende durchzuhalten, statt zusammenzubrechen. Ich glaube, kein Mensch kann seinen Lauf gut vollenden, wenn er nicht bereit ist, sich auf die Veränderungen einzustellen, die mit zunehmendem Alter notwendig sind.

Wir sollten jede Lebensphase bewusst annehmen und unseren Weg zur Ziellinie genießen. Sei keine jener Personen, die immer von der »guten alten Zeit« reden. Diese Zeit ist vorbei und wird sich nicht wiederholen. Doch eine neue und sogar bessere Zeit liegt vor uns, wenn wir uns auf sie einlassen.

»Mit zunehmendem Alter hat meine Fähigkeit, mit Stress fertigzuwerden, abgenommen. Um besser mit Stress umzugehen, versuche ich:

- die Angst vor dem Unbekannten mit Gottes Hilfe und seinem Wort zu bekämpfen.
- mir immer wieder zu sagen, dass langsamer zu machen nichts Schlechtes ist; es ist etwas Gesundes, je älter ich werde.
- um Hilfe zu bitten, wenn ich sie brauche, und den Stolz loszulassen, der mich daran hindert, darum zu bitten.
- nicht an negativen Gefühlen festzuhalten, sondern mit Gottes Hilfe zuversichtlich zu bleiben.
- regelmäßig spazieren zu gehen und Dehnübungen zu machen oder Sport zu treiben.
- mich auf das zu konzentrieren, was wichtig ist, und Unwesentliches loszulassen.
- Bibelverse auswendig zu lernen und sie in stressigen Situationen oder vor dem Einschlafen aufzusagen.
- jeden Tag wichtig zu nehmen.«

C. E.

KAPITEL 7

Ein gesundes Verständnis von Stress

Ruhe ist die Wiege der Kraft.

J. G. Holland

Ein Grund, warum ich die Diagnose »Stress« jahrelang ablehnte, lag in meiner Überzeugung, dass sie bedeute, ich sei schwach und käme mit dem Leben nicht zurecht. Meine Mutter litt unter vielen stressbedingten Problemen, und nachdem ich miterlebt hatte, wie es bei ihr zu einem Nervenzusammenbruch kam, war ich fest entschlossen, nicht die gleichen Probleme zu haben wie sie. Sie war keine starke Person und hatte nur wenig Selbstvertrauen. Ihre Schwäche hielt sie davon ab, meinen Vater wegen des sexuellen Missbrauchs an mir zur Rede zu stellen. Obwohl ich sie nicht hasste, hasste ich damals Schwäche. Ich betrachtete es als Schwäche, aufgrund von Stress krank zu werden, und lehnte es ab.

Jeder erlebt Stress. Gott hat den menschlichen Körper so ausgestattet, dass er mit einer vernünftigen Menge an Stress umgehen kann. Doch übermäßiger Stress über einen langen Zeitraum hinweg richtet in vielerlei Hinsicht Schaden an. Jahrelang litt ich unter starken Kopfschmerzen. Einmal sollte ich in einer Gemeinde in Florida predigen und erwähnte dem Pastor gegenüber, dass ich schreckliche Kopfschmerzen habe. Er schlug vor, dass ich mir von einer Masseurin, die zur Gemeinde gehörte, Nacken und Schultern massieren lassen sollte. Ich hatte noch nie eine Massage bekommen und konnte mir nicht vorstellen, dass diese mir helfen würde, doch ich willigte ein, es auszuprobieren.

Als sie anfing, meinen Nacken zu massieren, besonders an der Schädelbasis, war der Schmerz so stark, dass ich es kaum aushielt, sie weitermachen zu lassen. Sie sagte, die Verspannung käme daher, dass sich der Stress derart angehäuft habe, dass ich meine Nackenmuskeln nicht mehr entspannen könne. Sie arbeitete etwa 30 Minuten an mir, und als sie aufhörte, waren meine Kopfschmerzen verschwunden. Seitdem habe ich mich so oft wie möglich massieren lassen, weil es sehr wirkungsvoll den in den Muskeln gespeicherten Stress abbaut.

Stress ist Teil des Lebens. Niemand kann ihn völlig vermeiden, aber wir können lernen, damit umzugehen. Wir können lernen, auf die Signale zu achten, die unser Körper sendet, um uns mitzuteilen, wann der Stress überhandnimmt. Zu diesen Anzeichen gehören Angespanntheit, die Unfähigkeit, sich zu entspannen, und Schmerzen irgendwo im Körper. Beim Sporttreiben setzen wir unseren Körper auch unter Stress, doch das ist in Wirklichkeit positiver Stress, der negativen Stress abbaut. Wir benutzen die Muskeln, die den Stress »speichern«, versorgen sie mit Sauerstoff und veranlassen sie, Spannungen abzubauen. Dadurch fühlen wir uns letztlich besser und entspannter.

Ein Grund, warum Sport uns im Alterungsprozess hilft, ist, dass wir, obwohl wir Stress haben, ihn regelmäßig durch körperliches Training abbauen. Auf diese Weise hat er keine Gelegenheit, sich so sehr aufzustauen, dass er unseren Körper und unsere Gefühle schädigt.

Das Google-Onlinewörterbuch definiert *Stress* als »erhöhte körperliche oder seelische Anspannung, Belastung, die bestimmte Reaktionen hervorruft und zu gesundheitlichen Schäden führen kann«. Da wir belastende Umstände nicht immer vermeiden können, müssen wir in solchen Situationen Dinge tun, um den Stress abzubauen.

Manche Menschen haben es mit mehr Widrigkeiten zu tun als andere. Sie leben unter finanziellem Druck, in einer angespannten Ehe oder mit einer chronischen Krankheit. Sie haben ein Kind mit besonderen Bedürfnissen, das mehr Fürsorge und Aufmerksamkeit braucht, oder sie tragen Verantwortung für die

Versorgung älter werdender Eltern. Eine gute Möglichkeit zur Selbstfürsorge ist, zu erkennen, unter welchem Stress man steht, und sich um dessen Abbau zu bemühen. Ein paar Vorschläge dazu:

- Ruhe dich aus oder mach ein Nickerchen, wenn du Ruhe brauchst.
- Tu etwas, das dir gefällt.
- Lache!
- Lass dich massieren.
- Gönne dir eine Kosmetikbehandlung.
- Nimm dir Zeit für ein Hobby, das dir Spaß macht.
- Schlafe sieben bis acht Stunden pro Nacht.
- Geh gemütlich spazieren.
- Nimm ein heißes Bad.
- Atme tief durch.

Ich habe außerdem festgestellt, dass mir etwas hilft, das ich »Fünf-Minuten-Urlaub« nenne. Mein normales Muster ist, eine Sache nach der anderen zu tun, bis alles erledigt ist. Doch mittlerweile halte ich zwischen den einzelnen Aktivitäten inne, besonders dann, wenn ich etwas müde bin. Ich setze mich für fünf Minuten in meinen Sessel, um zu entspannen und zu atmen.

Wenn wir uns gestresst fühlen, halten wir im Allgemeinen die Luft an oder wir atmen nicht so oft pro Minute wie im Normalfall. Normales Atmen bedeutet 12-20 Atemzüge pro Minute, doch ich ertappe mich oft dabei, dass ich die Luft anhalte, wenn ich gestresst bin. Es hilft mir, mich einfach zu entspannen und regelmäßig zu atmen. Ich habe sogar erlebt, wie Kopfschmerzen verschwanden, weil ich innehielt und darauf achtete, tief und richtig zu atmen.

Mangelndes Wissen

Die Bibel lehrt uns, dass Menschen aus Mangel an Wissen (Erkenntnis) zugrunde gehen (vgl. Hosea 4,6). Das hat sich zumindest bei mir im Hinblick auf meine Gesundheit als wahr erwiesen. Im Laufe der Jahre staute sich bei mir Stress an, der letzten Endes in einer schweren Nebennierenermüdung gipfelte, und ich hatte keine Ahnung, was ich mir antat. Ich wünschte, ich hätte ein Buch wie dieses vor 45 Jahren lesen können, denn das hätte mir vielleicht geholfen, einige der Probleme zu vermeiden, die ich bewältigen musste.

Beispielsweise habe ich gehört, dass Flugreisen eine große Belastung für unseren Körper darstellen. Ich reise seit mehr als 40 Jahren regelmäßig mit dem Flugzeug, aber ich hatte keine Ahnung, welchen Stress das bedeutet. Wenn ich an dem Tag nach einem Flug müde war, dachte ich immer: »Ich sollte nicht so müde sein! Ich habe doch nichts weiter gemacht, als im Flugzeug zu sitzen.« Jetzt weiß ich, dass Fliegen stressig ist.

Ich möchte dich ermutigen, dir zu erlauben, müde zu sein. Du brauchst keinen Grund oder eine Entschuldigung. Wenn du müde bist, ruh dich aus! Wenn du das Gefühl hast, übermäßig müde zu sein, geh zum Arzt. Doch wenn du einfach müde bist, weil du älter wirst, dann akzeptiere das als neuen Normalzustand und mach eine Pause oder ein Nickerchen.

Wir lernen ständig, aber nicht immer die Dinge, die wir wissen müssen. Manche Inhalte, die Kinder in der Schule lernen, helfen ihnen in der Praxis nicht, während andere Inhalte für sie später im Leben höchst wertvoll sein können. Denk nur einmal daran, wie viele Menschen Rückenprobleme haben. Was wäre, wenn man uns schon früh im Leben beibringen würde, richtig auf unseren Rücken zu achten? Was wäre, wenn wir als junge Menschen die richtige und falsche Art lernen würden, schwere Gegenstände zu heben? Jahrelang hob ich Gegenstände aus dem Rücken heraus und erst mit 60 Jahren, als ich Rückenprobleme hatte, fand ich heraus, dass wir unsere Beinmuskeln einsetzen und in die Hocke gehen sollten, um Dinge anzuheben, statt uns zu bücken und den Rücken zu benutzen. Würde man kleinen Kindern beibringen, eine gute Körperhaltung einzunehmen, könnte ihnen das helfen, später im Leben Rückenprobleme zu vermeiden.

Erlaube dir, müde zu sein.

Meine Empfehlung ist es, sich schon in jungen Jahren damit zu beschäftigen, wie man den Körper in jedem Bereich gesund hält. Vielleicht fühlst du dich momentan so gut und stark, dass du das für eine Zeitverschwendung hältst, aber genau das Gegenteil ist der Fall. Es könnte entscheidend dafür sein, dass du dich auch noch in vielen Jahren gut fühlst.

Wir können aus Erfahrung lernen, was uns am meisten belastet. Jeder von uns ist anders, und was dem einen leicht von der Hand geht, kann für den anderen sehr schwierig sein. Ich weiß zum Beispiel, dass es mich enorm stresst, wenn ich mich beeilen muss. Ich habe auch gelernt, dass es bei mir zu Überlastung führt, wenn ich mich mit zu vielen Dingen gleichzeitig befassen muss. Früher habe ich oft geprahlt, wie gut ich im Multitasking bin, aber seit ich etwas älter geworden bin, ist mir durchaus aufgefallen, dass ich eines nach dem anderen tun muss.

Mit einer Sache aufzuhören, die man nicht mehr tun sollte, ist genauso wichtig, wie mit etwas anzufangen, das man tun sollte.

Die Veränderungen, die ich schließlich vornahm, kosteten Zeit – und *es kostete Zeit, sie zu akzeptieren*. Ich musste lernen, dass die Tatsache, dass ich Dinge nicht mehr so tun kann wie früher, nicht bedeutet, dass ich alt und unfähig bin. Es bedeutet lediglich, dass ich mich verändern und anpassen muss. Mit einer Sache aufzuhören, die man nicht mehr tun sollte, ist genauso wichtig, wie mit etwas anzufangen, das man tun sollte. Wenn du jedoch den Wunsch hast, es weiterhin zu tun, schlage ich dir vor, nach Möglichkeiten zu suchen, wie du etwas umstellen oder weiterhin beteiligt bleiben kannst, anstatt es aufzugeben.

Das Stressvirus

Übermäßiger Stress ist zu einer Art Virus geworden, das fast jeden befällt. Für viele Menschen ist es ihr neuer Normalzustand, unter intensivem Druck zu leben. Denk zum Beispiel einmal an die sozialen Medien und die vielen Unterbrechungen, die dadurch in unserem Leben entstehen. Das Pingen und Piepen von elektronischen Geräten hat angefangen uns zu beherrschen. Ich habe mein Smartphone oft in der Handtasche und staune, wie oft es piept, ganz gleich, was ich gerade tue. Wenn ich es höre, habe ich das Bedürfnis, herauszufinden, wer etwas von mir will und was er oder sie zu sagen hat. Die Technologie hat uns zwar schnellen Zugriff auf fast alles verschafft und sie hat definitiv ihre guten Seiten, aber sie hat auch jede Menge zusätzlichen Stress in das Leben der meisten Menschen gebracht.

Wir sollten aber nicht den sozialen Medien und unseren Mobiltelefonen die Schuld an dem Stress geben, den wir haben, weil wir ständig verfügbar sind. Unsere Verfügbarkeit zu steuern, liegt in unserer eigenen Verantwortung. Mobiltelefone und Geräte haben nicht die Kontrolle über uns, sondern wir haben die Kontrolle über sie. Wir müssen so mit ihnen umgehen, dass sie uns helfen, nicht so, dass sie unserem Leben noch Stress hinzufügen. Wir haben uns daran gewöhnt, immer sofort verfügbar zu sein, und aus dem Grund sind wir so ungeduldig geworden wie noch nie. Ich möchte dir dringend nahelegen, *die moderne Technologie zu genießen, solange sie für dein Leben wirklich einen Mehrwert bietet und dir dein Leben nicht stiehlt oder unnötigen Stress verursacht.*

Dave beantwortet E-Mails, wenn ihm danach zumute ist. Schickt man ihm also eine E-Mail, kann es sein, dass man erst nach zwei Wochen eine Antwort bekommt. Genauso geht er mit SMS und Anrufen um. Alle diese Kommunikationsmethoden bieten ihm Vorteile, aber er lässt sich nicht davon beherrschen. Manchmal ärgert mich seine Art und Weise, damit umzugehen, wenn ich diejenige bin, die versucht, ihn zu kontaktieren. Allerdings habe ich gesehen, dass sein Umgang mit den Kommunikationsmitteln ihm weder den Frieden raubt noch Stress verursacht.

Ich weiß noch, wie es früher war: Wenn man im Auto saß und jemanden anrufen wollte, musste man eine Telefonzelle finden, das Auto parken, aussteigen und hoffen, dass man das passende Kleingeld dabeihatte, um den Anruf tätigen zu können. Ich erinnere mich auch noch daran, dass wir zu Hause einen Vierfach-Gemeinschaftsanschluss hatten. Vier Familien teilten sich die gleiche Telefonleitung, also war es ganz normal, eine Weile warten zu müssen, bevor die Leitung frei wurde. Heute fühlen wir uns gestresst, wenn wir durch eine Gegend fahren, die kein gutes Mobilfunknetz hat, und wir ein paar Minuten warten müssen, bis wir in einen anderen Netzbereich kommen. Die meisten von uns können sich daran erinnern, dass wir uns vor nicht allzu langer Zeit nicht einmal hätten vorstellen können, wegen so etwas gestresst zu sein!

Manche Menschen scheinen sich nicht wohlzufühlen, wenn sie nicht gehetzt und gestresst sind. Ich glaube, es ist möglich, süchtig nach ständiger Aktivität zu werden und einen Punkt zu erreichen, an dem man gar nicht mehr das Tempo drosseln kann, selbst wenn man es wollte.

Ich möchte dich ermutigen, nicht ständig zu jedem, der es hören will, zu sagen: »Ich bin so gestresst, es ist kaum zum Aushalten!«, sondern anzufangen, etwas dagegen zu unternehmen. Vielleicht musst du die Lektion lernen, die ich vor Jahren gelernt habe: nämlich dass ich diejenige bin, die ihren Terminkalender mit Verpflichtungen und Aufgaben füllt – also bin ich auch die Einzige, die daran etwas ändern kann. Das zu verstehen, kann dein Leben auf wunderbare Weise verändern, deshalb wiederhole ich es noch einmal: Du machst deinen Zeitplan und du bist der einzige Mensch, der ihn ändern kann. Natürlich wird nicht jeder glücklich sein, wenn du nicht immer sofort verfügbar bist; es wird dir aber helfen, länger zu leben und langsamer zu altern.

Du machst deinen Zeitplan und du bist der einzige Mensch, der ihn ändern kann.

Stress macht krank und verkürzt sogar die Lebenserwartung einiger Menschen. Er hat auch negative Auswirkungen auf unsere Lebensqualität. Je älter wir werden, desto weniger gut können wir mit Stress umgehen. Das ist ein Grund, warum wir wirklich auf unseren Körper und Gottes Stimme, die unser Herz anspricht, achten und Veränderungen vornehmen sollten, wenn es nötig ist.

Das Leben, das du hast, ist dein Leben. Es ist ein Geschenk Gottes und es ist nur klug, wenn du es dir nicht von den Ansprüchen anderer Menschen rauben lässt.

»Wenn du älter wirst, wird zunehmende Vertrautheit mit Gott dein Leben segnen wie nichts anderes. Erlaube ihm weiterhin, alle Tage deines Lebens sein gutes Werk in dir zu tun, wie es in Philipper 1,6 heißt.«

M. E. F.

KAPITEL 8

Geistlich stark bleiben

Werdet stark durch den Herrn und durch die mächtige Kraft seiner Stärke!

Epheser 6,10

Ich würde nicht sagen, dass ich ein einfaches Leben hatte, und vielleicht geht es dir mit deinem Leben auch so. Mein Leben war erstaunlich gut, doch es war auch hart. Ich habe von einer Frau gelesen, die sehr gelitten hat und dennoch sagte: »Ich hatte ein gutes, hartes Leben.« Sicher weißt du, was sie damit meint. Man macht weiter und hat nicht vor, aufzugeben, doch manchmal wünscht man sich durchaus, das Leben würde leichter werden. Eine Sache, die uns durch jede Art von Schwierigkeiten hindurchhelfen kann, ist, geistlich stark zu bleiben.

Der menschliche Geist kann mit einem kranken Körper leben, aber wer kann weiterleben, wenn der Geist entmutigt ist?

Sprüche 18,14

Dieser Bibelvers hat mich durch viele schwere Zeiten getragen. Wenn wir ein Problem nicht aus der Welt schaffen können, können wir trotzdem nah bei Gott und in ihm stark bleiben. Seine Kraft wird uns erhalten, selbst wenn unsere eigene Kraft aufgebraucht ist. Gott sagt uns in seinem Wort, dass Ruhe und Stille Kraft bringen.

Denn so spricht der allmächtige Herr, der Heilige Israels: »Durch Umkehr und Ruhe könntet ihr gerettet werden. Durch

Stillsein und Vertrauen könntet ihr stark sein. Aber das wollt ihr nicht.«

Jesaja 30,15

Das Leben hält viele Situationen bereit, die wir nicht ändern können; doch wenn wir den Punkt erreichen, an dem wir meinen, dem Druck nicht mehr standhalten zu können, haben wir immer noch die Wahl. Gott ist jederzeit bei uns und bereit, uns zu helfen, wenn wir ihn suchen.

Jeder von uns ist ein geistliches Wesen, wir haben eine Seele und wir leben in einem Körper. Jeder Teil von uns sollte stark sein. So wie unser Körper regelmäßig Nahrung braucht, um stark zu sein und richtig zu funktionieren, so ist es auch mit unserem Geist.

Nahrung für den Geist

Der geistliche Teil unseres Daseins nährt sich von Gottes Gegenwart und seinem Wort. Beides ist jederzeit für uns zugänglich, doch wir müssen uns bewusst entscheiden, daran teilzuhaben. Gott ist nie weiter als einen Gedanken entfernt, und wenn wir unsere Gedanken auf ihn richten und uns von unseren Problemen abwenden, kann uns das die Kraft geben, die wir zum Weitermachen brauchen.

40 Vorzüge der Bibel

Ich habe 40 Vorzüge entdeckt, die die Bibel – Gottes Wort – uns bietet. Ich führe die Liste mit dem Titel »40 Vorzüge der Bibel« hier im Überblick auf, doch wenn du sie jemand anderem empfehlen möchtest, ist sie auch online unter joyce-meyer.de/40vorzuege auf unserer Webseite kostenlos als Download erhältlich.

1. Gottes Wort ist die Wahrheit, die uns befreit, wenn wir uns nach ihr richten (vgl. Johannes 8,32).
2. Gottes Wort schenkt jedem, der dessen Sinn versteht, Leben und Gesundheit (vgl. Sprüche 4,20-22).
3. Gottes Wort heilt und rettet uns (vgl. Psalm 107,20).
4. Gottes Wort bietet uns Schutz (vgl. Psalm 18,31).
5. Sich Gottes Wort zu Herzen zu nehmen bringt Weisheit, Segen und Erfolg (vgl. Josua 1,8).
6. Gottes Wort bringt Stabilität, Fruchtbarkeit und Erfüllung, sodass alles, was wir tun, gelingt (vgl. Psalm 1,3).
7. Gottes Wort erhält das Universum und treibt es voran (vgl. Hebräer 1,2-3).
8. Gottes Wort hat schöpferische Kraft (vgl. 1. Mose 1).
9. Wer sein Verhalten und sein Reden am Wort Gottes ausrichtet, ist gesegnet (vgl. Psalm 119,2).
10. Gottes Wort reinigt und läutert uns (vgl. Psalm 119,9; Johannes 15,3; Johannes 17,17; Epheser 5,26).
11. Wer sich mit Gottes Wort beschäftigt, wird stark gegen Versuchungen und sündigt weniger (vgl. Psalm 119,11).
12. Gottes Wort erneuert und inspiriert uns (vgl. Psalm 119,25; Psalm 119,50).
13. Gottes Wort befähigt uns, ruhig und ungezwungen zu leben (vgl. Psalm 119,45).
14. Gottes Wort steckt voller Zusagen, dass er uns seine Güte und seine Gnade erweist (vgl. Psalm 119,58).
15. Gottes Wort vermittelt uns gute Urteilskraft, weises und richtiges Unterscheidungsvermögen sowie Erkenntnis (vgl. Psalm 119,66).
16. Gottes Wort ist wertvoll (vgl. Psalm 119,72).
17. Gottes Wort macht uns weiser als unsere Feinde (vgl. Psalm 119,98).
18. Gottes Wort ist ein Licht auf unserem Weg (vgl. Psalm 119,105).
19. Gottes Wort ermutigt uns und macht unser Leben wieder heil, wenn wir verzweifelt sind (vgl. Psalm 119,107).

20. Gottes Wort gibt uns Hoffnung (vgl. Psalm 119,114).
21. Gottes Wort schenkt Erleuchtung und Einsicht (vgl. Psalm 119,130).
22. Gottes Wort gibt Richtungsweisung und zeigt uns, was wir tun sollen (vgl. Psalm 119,133).
23. Jesus ist das Wort Gottes (vgl. Johannes 1,1; Johannes 1,14; Offenbarung 19,13).
24. Gottes Wort, eingepflanzt und verwurzelt in unseren Herzen, hat die Kraft, unsere Seelen zu retten (vgl. Jakobus 1,21).
25. Gottes Wort stärkt uns (vgl. Psalm 119,28).
26. Gottes Wort macht harte Herzen weich (vgl. Psalm 147,18).
27. Gottes Wort bringt uns häufig Widerstand von anderen Menschen ein (vgl. Markus 4,17).
28. Gottes Wort verwandelt uns in Gottes Bild; es macht uns Jesus ähnlicher (vgl. 2. Korinther 3,18).
29. Gottes Wort ist eine Waffe gegen den Teufel und ein Teil der Rüstung, die uns im Kampf schützt (vgl. Epheser 6,17).
30. Gottes Wort verändert unsere Denkweise (vgl. Römer 12,2).
31. Gottes Wort zerstört Gedankengebäude (Lügen) und lehrt uns die Wahrheit (vgl. 2. Korinther 10,4-5).
32. Gottes Wort durchdringt unsere innersten Gedanken und Wünsche (vgl. Hebräer 4,12).
33. Gottes Wort spendet uns Trost (vgl. Psalm 119,50).
34. Gottes Wort hilft uns, unsere Fehler einzusehen und Gottes Richtung einzuschlagen (vgl. Psalm 119,59).
35. Gottes Wort gibt uns Grund, uns trotz vieler Sorgen zu freuen (vgl. Psalm 94,19).
36. Gottes Wort gibt uns großen Frieden (vgl. Psalm 119,165).
37. Gottes Wort, das wir im Herzen tragen, gibt uns die Oberhand über den Teufel (vgl. 1. Johannes 2,14).
38. Wir werden durch das lebendige und ewig bestehende Wort Gottes wiedergeboren (vgl. 1. Petrus 1,23).

39. Gottes Wort bleibt ewig bestehen und ist eine gute Nachricht (vgl. 1. Petrus 1,25; Markus 13,31).
40. Gottes Wort enthält selbsterfüllende Kraft (vgl. Jesaja 61,11).

Wenn du diese Liste durchliest, wirst du feststellen, dass Gottes Wort äußerst wertvoll ist und dass es sich lohnt, die Zeit zu investieren, es zu studieren und darüber nachzusinnen. Du wirst staunen, wie sehr Gottes Wort dich in jeder Lebensphase stärken und ermutigen wird.

Was mich im Laufe der Jahre wahrscheinlich am meisten gequält hat, sind verschiedene körperliche Probleme – von Kopfschmerzen bis hin zu schmerzenden Füßen und alles dazwischen. Diese Leiden haben mich nie aufgehalten, doch sie machten mir das Leben schwerer. Ihretwegen brauchte ich mehr Glauben und geistliche Kraft zum Weitermachen. Ob es ein Hallux valgus war, eine Sehnenentzündung in der Ferse, Schmerzen im Handgelenk aufgrund eines Sehnenrisses, Brustkrebs oder eine Rückenverletzung – es kam mir vor, als würde ich einen Strom kleiner, nervtötender Krankheiten erleben. Ich betete und übte mich in Geduld und Gott heilte mich oder antwortete mir in der jeweiligen Situation … Doch dann kam bald eine weitere kleine quälende Sache hinzu. Jede davon kostete mich Zeit oder versuchte, mich abzulenken und mich von meinem Ziel abzubringen.

Zurzeit macht mir eine schmerzende Schulter zu schaffen. Nach einem Arzttermin, einer Röntgenaufnahme und einem MRT wurde festgestellt, dass ich Kalkablagerungen in der Rotatorenmanschette habe. Nun muss ich eine Kortisonspritze bekommen, um zu sehen, ob das hilft. Gott hat uns nie versprochen, dass wir in diesem Leben keine Probleme haben werden. Er hat uns aber versprochen, dass er immer bei uns sein und uns helfen wird. Wir sollten uns um die Dinge kümmern, um die wir uns kümmern können, und Gott vertrauen, dass er sich um alles andere kümmert – während wir unser Bestes geben und uns auf die Aufgabe konzentrieren, die er uns anvertraut hat.

Vielleicht kannst du dich mit meiner Geschichte identifizieren. Deine lästigen Probleme sind vielleicht nicht gesundheitlicher, sondern finanzieller Art, haben mit deinen Beziehungen, mit Ängsten oder etwas anderem zu tun. Doch Probleme zu haben, bedeutet nicht, dass es dir an Erfolg mangelt. Wenn du Gott liebst, ihm dienst, Menschen hilfst und in Schwierigkeiten eine gute Einstellung bewahrst, glaube ich, dass das ein größerer Erfolg ist, als keine Probleme zu haben.

Probleme zu haben, bedeutet nicht,
dass es dir an Erfolg mangelt.

Jesus hatte es während seiner Zeit auf dieser Erde auch mit Herausforderungen und Schwierigkeiten zu tun, so wie die Apostel und viele andere Menschen, doch sie alle erhielten Kraft von Gott. Er half ihnen, dranzubleiben und seinen Willen zu tun.

Der Apostel Paulus schrieb, dass sich ihm *große Möglichkeiten für die Arbeit* boten, dass damit *allerdings auch viel Widerstand* einherging (1. Korinther 16,9). Dieser Vers lehrt uns, dass unsere Herausforderungen uns nicht überraschen, aber auch nicht einschüchtern sollten. Durch Christus, der uns geliebt hat, tragen wir einen überwältigenden Sieg davon (vgl. Römer 8,37).

In seinem Brief an die Korinther schrieb Paulus, dass ihm ein *Dorn ins Fleisch* gegeben wurde, *ein Bote des Satans,* der ihn quälen sollte, damit er nicht überheblich wurde. Dreimal betete er und bat Gott, ihn von diesem Problem zu befreien, doch Gott sagte: *»Meine Gnade ist alles, was du brauchst. Meine Kraft zeigt sich in deiner Schwäche«* (2. Korinther 12,7-9).

Viele Theologen und Bibelwissenschaftler haben diskutiert und Kontroversen darüber ausgetragen, was dieser *Dorn im Fleisch* bei Paulus gewesen sein soll. Für mich ist der springende Punkt, dass er vom Teufel kam und ihn quälte. Paulus bat Gott, ihn davon zu befreien, doch Gott entschied anders. Stattdessen sagte er zu Paulus, dass er ihn durch seine Gnade befähigen würde, mit dem *Dorn im Fleisch* zu leben und das zu tun, wozu er berufen war. Dadurch blieb Paulus demütig und abhängig von Gott.

Vielleicht bist du anderer Meinung, doch ich glaube, manchmal erleben wir umso mehr von diesen kleinen Dornen, je mehr Gott uns gebraucht. Warum? Sie zwingen uns, uns von Gott abhängig zu machen, und sie erinnern uns ständig daran, dass wir *getrennt* von ihm nichts tun können (vgl. Johannes 15,5). Wie können wir Mitgefühl mit Menschen haben, die mit Problemen kämpfen, wenn wir selbst nie irgendwelche Probleme haben? Paulus schrieb, dass Gott uns tröstet, damit wir andere mit dem *gleichen Trost* trösten können, den wir von ihm empfangen haben (vgl. 2. Korinther 1,4).

Der Teufel versucht immer, alles Gute und alles, was Menschen hilft, zu verhindern. Wir brauchen geistliche Beharrlichkeit, um auch angesichts von Widerstand weiterzumachen. Das wird nur möglich sein, wenn wir uns die Zeit nehmen, um geistlich stark zu bleiben.

Wie können wir Mitgefühl mit
Menschen haben, die mit Problemen
kämpfen, wenn wir selbst nie
irgendwelche Probleme haben?

Manche Menschen meinen, sie seien zu beschäftigt, um Zeit mit Gebet und Bibelstudium zu verbringen, aber sich keine Zeit für diese Investitionen in das eigene geistliche Leben zu nehmen, ist einer der größten Fehler, den wir begehen können. Beten bedeutet, einfach mit Gott zu reden, ihm unser Herz auszuschütten und ihn wissen zu lassen, dass wir ihn brauchen und ohne ihn nicht bewältigen können, was vor uns liegt. Die Bibel zu studieren, bedeutet, Gottes Wort zu lesen und sich damit zu beschäftigen. In Gottes Wort liegt Kraft; es nährt uns und macht uns stark. Selbst wenn wir Verse oder Abschnitte lesen, die wir schon Hunderte von Malen gelesen haben, wird es uns dennoch guttun, sie erneut zu lesen. Überleg doch einmal: Wir essen immer wieder die gleichen Lebensmittel und Gerichte, weil sie uns schmecken. Beim Lesen und Studieren des Wortes Gottes sollte das nicht anders sein.

Wenn ich Frieden brauche, erinnere ich mich an verschiedene Bibelstellen, die mich beruhigen werden. Wenn ich Heilung benötige, kenne ich mehrere Verse, die Verheißungen enthalten, dass Gott mich heilen wird. Wenn ich Geld brauche, weiß ich um diverse Bibelstellen, die mir zusichern, dass Gott für alle meine Bedürfnisse sorgen wird. Ich glaube, es gibt kein Problem, für das Gottes Wort nicht die Antwort hat. Sein Wort ermutigt uns, stärkt uns, heilt uns, korrigiert uns, erleuchtet uns und versorgt uns mit vielen anderen Segnungen.

Vor Kurzem habe ich ein Buch über die Sprüche geschrieben, *In Search of Wisdom*. An den Sprüchen beeindruckt mich vor allem, wie viele Prinzipien in diesem einen Buch der Bibel immer wieder angesprochen werden. Das hat mich davon überzeugt, dass Gott Wiederholungen für uns für nötig hält, damit wir in jedem Bereich unseres Lebens stark bleiben können. Beispielsweise habe ich in nur einem Kapitel sieben Verse zu den Worten unseres Mundes gefunden und im nächsten Kapitel sechs weitere Verse. Hin und wieder sorgte der Heilige Geist dafür, dass der Verfasser das gleiche Prinzip in mehreren Kapiteln ansprach. Ich möchte dir nahelegen, nie müde zu werden, die gleichen Wahrheiten und Weisungen in der Bibel immer wieder zu lesen und zu studieren, denn sie werden dich jedes Mal geistlich nähren.

Betrachte das Gebet oder die Beschäftigung mit der Bibel nie als Pflicht, die du erfüllen musst, sondern als Vorrecht, das du genießen kannst. Das Wort Gottes ist Medizin für unsere Seelen und wir sollten unsere Medizin regelmäßig einnehmen, so wie es ein Mensch tun sollte, der körperliche Heilung braucht. Für Gottes Medizin – sein Wort – gibt es keine »maximale

Verordnungsdauer« und ihre Nebenwirkungen sind Leben, Heilung, Kraft, Freude und Wiederherstellung.

Kraft zum Älterwerden

Das Älterwerden kann eine Herausforderung sein, denn es bringt Veränderungen für unseren Körper, unsere Kraft und unsere Fähigkeiten mit sich. Doch wir müssen nie befürchten, dass das Leben zu viel für uns wird, denn Gott wird uns immer die Kraft geben, die wir brauchen. Wenn wir desto mehr Kraft von ihm benötigen, je älter wir werden, können wir davon ausgehen, dass wir sie bekommen werden. Allerdings müssen wir gehorsam sein und alle Veränderungen in unserem Lebensstil vornehmen, die er uns zeigt.

> *Gott ist unsre Zuflucht und unsre Stärke, er hat sich als Hilfe in der Not bewährt.*
>
> Psalm 46,2

Gott wird uns keine Kraft für Dinge geben, die nicht seinem Willen entsprechen, doch er wird uns immer für das stärken, was er von uns will. Ich sage gern: »Gott gibt uns Gnade für unseren Platz.« Ganz gleich, wo Gott dich hingestellt hat und wie deine Umstände aussehen: Er wird dir Gnade schenken – Gunst, Kraft, Befähigung –, um das zu tun, was er für dich vorgesehen hat.

Gott wird uns keine Kraft für Dinge geben, die nicht seinem Willen entsprechen. Aber er gibt uns Gnade für unseren Platz.

Schaust du dir manchmal das Leben eines anderen Menschen an und denkst: *Er/sie hat so viele Schwierigkeiten erlebt – wie hat er/sie das nur geschafft?* Ich hörte einmal von einer Frau, die bei einem Hausbrand alle ihre Kinder verloren hatte, und ich erinnere mich, dass ich genau diese Worte sagte. Gott schenkt uns Gnade, um das auszuhalten, was er in unserem Leben zulässt, und nicht darüber zu verbittern, wenn wir es von ihm annehmen. Ein anderes Wort für *Gnade*, das mir gefällt, ist *Leichtigkeit*. Gnade macht schwierige und sogar unmögliche Dinge leichter, als sie es ohne Gnade wären.

Du wirst mit zunehmendem Alter mehr übernatürliche Kraft brauchen, doch glücklicherweise solltest du dann auch mehr Zeit haben, Gott zu suchen und dich mit seinem Wort zu beschäftigen, sodass du sie empfangen kannst.

»Wenn ich mich heute mit einem jungen Menschen zusammensetzen könnte, um ihm einige Weisheiten über das Älterwerden mitzugeben, würde ich darüber sprechen, nah bei Gott zu bleiben und sich von seinem Geist leiten zu lassen. Ich würde auch darüber sprechen, wie wichtig Ruhe ist und welche Vorteile Krafttraining mit sich bringt. Beides hat körperlichen und geistigen Nutzen. Wir haben eine biblische Verantwortung, körperlich, geistig und geistlich stark zu bleiben.«

F. D.

KAPITEL 9

In Würde älter werden

Das Leben besteht zu 10 Prozent aus dem, was mir widerfährt, und zu 90 Prozent daraus, wie ich darauf reagiere.

John Maxwell

Wenn ich sage, dass ich in Würde älter werden möchte, meine ich damit, dass ich gern mit einer guten inneren Einstellung älter werden möchte. Ich will mir diesen Prozess nicht dadurch erschweren, dass ich mich gegen jede Veränderung wehre, die geschehen muss. Ich möchte mich nicht selbst bemitleiden, weil ich nicht mehr alles tun kann oder nicht mehr so aussehe wie früher. Ich möchte für alles dankbar sein, was Gott für mich getan hat, für alles, durch das er mich sicher hindurchgebracht hat, und für alles, was er mir ermöglicht hat und immer noch ermöglicht zu tun.

Ich glaube, Gnade und Dankbarkeit gehen Hand in Hand. Je dankbarer ich für die Gnade bin, die ich in diesem Moment erhalte, desto mehr Gnade werde ich in Zukunft empfangen. Im christlichen Kontext hören wir das Wort *Gnade* sehr oft, doch vielleicht wissen wir sie nicht so zu schätzen, wie wir es sollten, weil wir sie nicht richtig verstehen.

Wir werden durch den Glauben an Jesus aus Gnade gerettet und nicht aufgrund unserer Verdienste (vgl. Epheser 2,8-9). Gnade lässt sich so zusammenfassen: »Gottes Reichtum auf Jesu Kosten«. Sie ist die unverdiente Gunst Gottes – sie ist aber noch mehr. Gnade ist auch die Kraft und die »Salbung« (Befähigung) des Heiligen Geistes, damit wir tun können, was wir im Leben tun müssen. Gnade ist die Kraft, die uns im Laufe unseres geistlichen Wachstums Jesus ähnlicher werden lässt. Wir können uns selbst nicht ändern. Wir können auch nicht durch

Anstrengungen oder indem wir versuchen, gut oder perfekt zu sein, mehr von Gottes Gunst in unser Leben holen. Wir empfangen Gottes Gnade durch den Glauben. Es war äußerst hilfreich für mich, als ich lernte, dass Gnade Gottes Kraft ist, die uns durch den Glauben frei zur Verfügung steht und uns das leicht macht, was andernfalls schwer oder unmöglich für uns wäre.

Je dankbarer ich für die Gnade
bin, die ich in diesem Moment
erhalte, desto mehr Gnade werde
ich in Zukunft empfangen.

Natürlich sollten wir anstreben, Gutes zu tun, um Gott zu verherrlichen; doch wir tun es aus seiner Gnade und nicht aus eigener Entschlossenheit. Wir müssen entschlossen sein, ja, doch selbst das ist ein Geschenk der Gnade Gottes. Uns steht Gnade und immer mehr Gnade zur Verfügung (vgl. Jakobus 4,6). Wir empfangen die Gnade, die wir brauchen, indem wir unseren Glauben einsetzen und Gott vertrauen, dass er durch uns das tut, was wir ohne ihn nicht tun können. Wir leben in Partnerschaft mit Gott. Er schenkt uns Fähigkeiten und durch ihn tun wir das, was er uns aufträgt. Er wird nicht unseren Teil übernehmen und wir können nicht seinen Teil übernehmen.

Gnädig sein

Wir können lernen, mit Würde älter zu werden, indem wir unsere Lebensreise genießen und gnädig sowie mit einer guten Einstellung leben. Wir können freundlich und gütig bleiben, statt verschroben und mürrisch zu werden, weil das Leben nicht mehr das ist, was es einmal war.

Gnädige Menschen sind freundlich und taktvoll und versuchen nie, andere mit Worten oder Handlungen zu verletzen.

Sie behandeln andere mit Respekt. Möglicherweise mehr als alles andere ist ein gnädiger Mensch dankbar und bringt dies auch zum Ausdruck.

Wenn wir älter werden, fühlen wir uns körperlich vielleicht nicht mehr so gut wie früher. Womöglich fühlen wir uns sogar um einiges schlechter als früher, je nachdem, wie gut wir im Laufe der Jahre auf uns geachtet haben, wie unsere genetische Veranlagung und andere Faktoren sind. Ein Freund von mir hat eine 95-jährige Tante, die noch nie Medikamente genommen hat oder im Krankenhaus war. Sie hat ihr Leben lang geraucht und sich nie gesund ernährt. Sie hat alles getan, wovon Gesundheitsexperten abraten, und doch lebt sie noch allein und bewältigt ihr Leben selbstständig. Eines hat sie richtig gemacht: Sie hatte immer eine gute innere Einstellung und ist fröhlich.

> Ob wir uns gut fühlen oder nicht so gut: Es ist wichtig, freundlich zu bleiben, uns nicht zu beklagen und dankbar für das zu sein, was wir haben.

Damit will ich ganz gewiss nicht sagen, dass wir in Bezug auf unsere Gesundheit lauter falsche Entscheidungen treffen können und trotzdem alles gut wird, solange wir eine gute Einstellung haben. Ich erzähle diese Geschichte nur, um zu zeigen, wie wirkungsvoll eine positive Einstellung sein kann. Ich denke, man kann mit einiger Sicherheit sagen, dass Menschen, die eine durchweg zuversichtliche, fröhliche Einstellung haben, weniger gesundheitliche Probleme haben und wahrscheinlich länger leben als Menschen, die pessimistisch und mürrisch sind.

Ob wir uns gut fühlen oder nicht so gut: Es ist wichtig, freundlich zu bleiben, uns nicht zu beklagen und dankbar für das zu sein, was wir haben. Wir sollten anderen nicht engherzig begegnen, weil wir uns nicht wohlfühlen oder Veränderungen durchleben, die uns nicht gefallen. Wenn wir älter werden, brauchen wir womöglich Hilfe von anderen. In dem Fall ist es wichtig, immer freundlich zu bleiben und unsere Wertschätzung für das auszudrücken, was sie für uns tun.

Meine Kinder tun viel für mich. Das macht mir das Leben leichter und hält mir den Rücken frei, sodass ich weiterhin die Bibel lehren und meine Bücher schreiben kann. Ich sage ihnen oft, wie sehr ich sie schätze.

Hilfe zu benötigen, ist kein
Zeichen von Schwäche!

Wenn du an den Punkt kommst, dass du Hilfe brauchst, lass dich nicht durch Stolz davon abhalten, darum zu bitten. Hilfe zu benötigen, ist kein Zeichen von Schwäche!

Unsere Eigenheiten

Schon vor Jahren fing ich an zu beten, dass ich, wenn ich älter werde, freundlich und lustig bleibe. Meine Kinder und Dave sagen mir alle, dass ich sehr lustig bin, aber tatsächlich sind die Dinge, die wir im Alter tun, das eigentlich Lustige.

Manchmal suche ich mein Telefon, während ich es bei einem Anruf am Ohr habe, oder meine Brille, während ich sie auf der Nase habe. Manchmal sage ich zu meinen Kindern: »Das habt ihr mir nicht gesagt!«, doch sie bestehen darauf, dass sie es mir schon zweimal gesagt haben. Als diese Gespräche begannen, diskutierte ich mit ihnen und behauptete, sie hätten es mir nicht gesagt. Doch heute gehe ich davon aus, dass sie recht haben, denn wahrscheinlich ist es so.

Dave kann nicht so gut hören wie ich, aber er kann besser sehen als ich, denn er hat sich die Augen lasern lassen. Ich bin kein geeigneter Kandidat für eine solche Operation. Wenn wir fernsehen, fragt er mehrmals während einer Sendung oder eines Films: »Was haben die gesagt?«, oder er bittet mich: »Mach mal lauter!« Ich hingegen kann nichts über den Film lesen, es sei denn, die Schrift ist groß oder ich setze meine Brille auf. Dave sagte neulich: »Wir können uns gegenseitig helfen, denn ich kann dir sagen, worum es in dem Film geht, und du kannst mir erzählen, was sie sagen.« Kürzlich habe ich ihn gefragt, wie wir seiner Meinung nach wohl in zehn Jahren sein werden, und er antwortete: »Ich werde wahrscheinlich viermal statt zweimal ›Was?‹ sagen, wenn du mit mir redest.« Wir haben Spaß zusammen und necken uns gegenseitig wegen unserer Einzigartigkeit.

Zum würdevollen Älterwerden gehört auch, sich selbst nicht allzu ernst zu nehmen, denn man wird wahrscheinlich einiges tun, was lustig ist – und es nicht einmal merken. Vielleicht räumst du Dinge auf und erinnerst dich später nicht mehr, wo du sie hingetan hast. Vielleicht versuchst du, dir das Gesicht mit Sonnencreme zu waschen, so wie ich neulich. Statt zu meinen, dass dir nicht mehr zu helfen sei oder, schlimmer noch, dass du dumm seist, amüsiere dich einfach über solche Situationen.

Zum würdevollen Älterwerden
gehört es, sich selbst nicht
allzu ernst zu nehmen.

Keiner von uns kann mit 70 oder 80 Jahren so sein wie mit 30 oder 40. Das Älterwerden – und alles, was damit zusammenhängt – gehört zum Lauf des Lebens und es kann schön sein, wenn wir es würdevoll und mit der richtigen Einstellung angehen. Du kannst jetzt damit anfangen, dich auf deine späteren Jahre vorzubereiten, indem du planst, eine gute Einstellung zu bewahren; indem du mit der Erwartung an sie herangehst, dass sie eine wunderbare Zeit in deinem Leben sein werden; und indem du dich auf das freust, was Gott für dich in jener Phase bereithält.

Ich brauche heute mehr Gnade, um morgens aufzustehen, als es früher der Fall war, und ich brauche mehr Gnade, um bei Bedarf noch spätabends unterwegs zu sein. Ich verstehe, wie wichtig es ist, um Gottes Kraft zu bitten und diese zu empfangen, damit ich Dinge tun kann, die mir früher leichtgefallen sind. Deshalb bitte ich oft darum. Meine Familie macht sich über mich lustig, weil ich – wenn ich tagsüber das Haus verlasse – nach Möglichkeit am späten Nachmittag wieder zu Hause bin. Sicher wird es ihnen mit zunehmendem Alter genauso gehen. Wenn du 50 oder 60 Jahre lang jeden Abend unterwegs und aktiv warst, wirst du wahrscheinlich auch zu Hause bleiben wollen. Daheim ist's doch am schönsten!

Dave und ich nehmen unsere Hauptmahlzeit bis 15 Uhr ein, wenn möglich. Ich gehe nicht gern mit vollem Magen ins Bett und ich gehe früh ins Bett, am liebsten gegen 21 Uhr, und ich stehe zwischen 5 und 6 Uhr auf.

Mit zunehmendem Alter wirst du feststellen, dass du zunehmend eigen wirst, wenn es darum geht, wie du Dinge tust.

Mit zunehmendem Alter wirst du feststellen, dass du zunehmend eigen wirst, wenn es darum geht, wie du Dinge tust. Du schaffst dir eine Routine, die für dich funktioniert, und es wird dir nicht gefallen, dich allzu lange außerhalb dieser Routine zu bewegen. Meist bezeichnen wir solche Verhaltensweisen als »eingefahren«. Es macht mir nichts aus, dass ich im Hinblick auf das Zuhausesein eingefahren bin. Ich bin abends nicht mehr gern unterwegs. Ich habe mir das Recht verdient, zu Hause zu bleiben, wenn ich das möchte. Wenn du mehrere Jahrzehnte gelebt hast, hast auch du dir das Recht auf deine Eigenheiten verdient!

Wenn ich überlege, was es heißt, würdevoll älter zu werden, fällt mir auf, dass ich zwar in einigen meiner Fähigkeiten nachgelassen habe, aber wenn es darum geht, die Bibel zu lehren oder Bücher zu schreiben, bin ich genauso fit wie eh und je.

Das liegt daran, dass Gott mir eine Extraportion Gnade schenkt, damit ich weiterhin das tun kann, was er von mir will. Für dich wird er dasselbe tun: Vertrau ihm nur! Wenn Gott eines Tages aufhört, mir die Gnade dafür zu schenken, wird das bedeuten, dass ich es nach seinem Willen nicht mehr tun soll. Wir können nur das tun, wozu Gott uns befähigt, und sollten nicht versuchen, uns zu etwas zu zwingen, das einfach nicht funktioniert. Wir sollten von ganzem Herzen das tun, was Gott uns aufträgt, und wenn er will, dass wir es aus den Händen geben und etwas anderes tun, sollten wir es würdevoll tun.

»Ich kenne einige Menschen, die Gott auch im Älterwerden in enger Beziehung nachgefolgt sind. An jeder Wegkreuzung im Leben haben sie die Anpassungen vorgenommen, die Gott ihnen gezeigt hat. In jeder Lebensphase sind sie fest entschlossen geblieben, fortwährend zu reifen und geistlich immer weiterzuwachsen, obwohl ihre körperlichen Aktivitäten und ihre Energie nachließen. Sie sind großartige Vorbilder!«

E. A. M.

KAPITEL 10

Gottes Willen erkennen

Handelt nicht gedankenlos, sondern versucht zu begreifen, was der Herr von euch will.

Epheser 5,17

Gottes Willen für das eigene Leben zu erkennen, scheint für viele Menschen eine Herausforderung zu sein. Doch es ist gar nicht so schwer, wenn man weiß, wie man den Fluss von Gottes Gnade in seinem Leben erkennen kann. Unterscheidungsvermögen spielt sich eher im Geist als in der Seele ab und es ist eine wichtige geistliche Fähigkeit. Ich möchte anhand eines persönlichen Beispiels erklären, wie Unterscheidungsvermögen funktioniert. Mein Verstand und meine Gefühle drängen mich vielleicht zu einer bestimmten Handlung oder Entscheidung, doch wenn ich keinen Frieden darüber habe, bedeutet das meist, dass mein Geist erkennt, dass es nicht das Richtige für mich ist – auch wenn ich vielleicht nicht verstehe, warum. In solchen Fällen müssen wir uns entscheiden, Gott zu vertrauen, in dem Wissen, dass er uns immer so führt, wie es am besten für uns ist, selbst wenn wir die Gründe dafür nicht verstehen.

Auch unsere Wünsche spielen eine Rolle beim Finden und Befolgen von Gottes Willen. Ich glaube nicht, dass Gott uns dazu beruft, den größten Teil unseres Lebens Dinge zu tun, die uns nicht interessieren und die wir eigentlich nicht tun wollen. Unzählige Menschen arbeiten die meiste Zeit ihres Lebens in Berufen, die sie hassen, weil sie nicht den Mut aufbringen, im Glauben voranzugehen und ihrem Herzenswunsch zu folgen. Sie verdienen vielleicht sehr viel Geld damit, einer Arbeit nachzugehen, die ihnen keinen Spaß macht, und sie entscheiden sich für die Finanzen, statt erfüllt und zufrieden zu sein, wie sie es wären, wenn sie im Einklang mit Gottes Willen leben würden. Darf ich dich einmal fragen: Tust du das, was dich glücklich macht? Liebst du deine Arbeit? Ich liebe meine Arbeit und glaube, dass es bei dir auch so sein kann, wenn du tust, was Gott von dir will.

Ich glaube nicht, dass Gott uns dazu beruft, den größten Teil unseres Lebens Dinge zu tun, die uns nicht interessieren und die wir eigentlich nicht tun wollen.

Es gibt Tätigkeiten, die nicht rund um die Uhr erfüllend und angenehm sind, aber aus irgendeinem Grund spürt man einen Sinn darin und hat das Gefühl, dass man sie für eine gewisse Zeit tun soll. Es kann gut sein, dass du mit dem, was du jetzt tust, nicht außerhalb von Gottes Willen bist – Arbeit an sich ist etwas Ehrbares. Gott erlaubt viele Dinge, die nicht seinem vollkommenen Willen entsprechen. Er gebraucht auch alles, was du tust, um dich zu erziehen und dir die Erfahrung oder die Beziehungen zu schenken, die wertvoll für dich sein werden, bis du schließlich zu dem gelangst, wofür er dich erschaffen hat.

Wenn du etwas tust, das nicht dem Willen Gottes entspricht, wird es immer Kämpfe und Frustration geben, und es wird hart und nicht erfüllend sein. Du wirst keinen Sinn dahinter verspüren, sondern nur das Gefühl haben, deine Zeit totzuschlagen, damit du bezahlt wirst. Wenn wir im Einklang mit Gottes Willen sind, wird das, was wir tun, eine gewisse Leichtigkeit an sich haben. Wir werden uns wünschen, es zu tun, und offene Türen (Gelegenheiten) und Versorgung erleben.

Ich hatte eine Reihe verschiedener Arbeitsstellen, bevor ich Bibellehrerin und Autorin wurde. Sie waren nicht schlecht; sie waren nur nicht das, wofür Gott mich gemacht hatte. Ich hasste diese Arbeitsstellen nicht, aber ich liebte sie auch nicht so sehr, wie ich es liebe, Gottes Wort zu lehren.

In der Apostelgeschichte lesen wir, dass, während die Christen in der Urgemeinde Gott anbeteten und fasteten, der Heilige Geist sagte: »*Ihr sollt Barnabas und Saulus für* die besondere Aufgabe *freistellen, für die ich sie ausersehen habe*« (Apostelgeschichte 13,2, eigene Hervorhebung). Barnabas und Saulus (der auch Paulus genannt wurde) waren schon seit mehreren Jahren im Dienst Gottes aktiv, doch hier sehen wir, wie der Heilige Geist sagte, dass er etwas Bestimmtes von ihnen wollte. Was du tust, kann sich im Laufe deines Lebens ändern; doch wenn du die Aufgabe findest, zu der Gott dich berufen hat, wird sich das anders auf dich auswirken als alles, was du zuvor getan hast. Wir können viele gute Dinge im Leben tun, doch sie sind vielleicht nicht das Beste, das Gott für uns vorgesehen hat. Der Umstand, dass wir etwas tun *können*, heißt nicht unbedingt, dass wir es auch tun *sollen*.

Ich möchte dich ermutigen, in dich zu gehen und dich zu fragen, ob du wirklich glaubst, dass du das tust, was Gott sich von dir wünscht, oder ob es einfach etwas ist, wofür du ein Gehalt beziehst. Vielleicht arbeitest du in einem Büro als Sekretärin, doch dein Herzenswunsch ist es, Krankenschwester zu sein. Oder du arbeitest in einer Fabrik, doch dein Herzenswunsch ist es, deine eigene kleine Firma zu haben.

Ich weiß, dass Gott eine Aufgabe für dich hat, die du genießen wirst und die seinen vollkommenen Willen für dein Leben widerspiegelt. Wenn du es bereits tust, weißt du, wie erfüllend das ist. Wenn nicht, dann bete und vertraue Gott, dass er dich dorthin führt. Er wird dir immer helfen, seinen Willen zu tun.

Geh los

Petrus saß mit den anderen Jüngern in einem Boot, als sie sahen, wie Jesus auf dem Wasser auf sie zukam. Petrus wollte ebenfalls auf dem Wasser gehen, also bat er Jesus, ihm zu befehlen, zu ihm zu kommen. Sobald Jesus das tat, stieg Petrus aus dem Boot und ging tatsächlich für kurze Zeit auf dem Wasser. Doch dann bemerkte er den Wind und begann zu sinken. Jesus streckte Petrus die Hand hin und hielt ihn fest, um ihn vor dem Ertrinken zu retten, und fragte ihn, warum er sich fürchtete (vgl. Matthäus 14,22-33). Ich frage mich, ob die anderen Jünger ebenfalls auf dem Wasser gehen wollten, aber zu viel Angst hatten, die Sicherheit des Bootes zu verlassen.

So leben viele von uns. Wir sehen andere Menschen, die mutig losgehen und Neues wagen, doch wir ziehen die Sicherheit dem Abenteuer vor. Wenn du wirklich Gottes Willen erkennen willst, musst du womöglich aus deiner Komfortzone heraustreten und einige Dinge ausprobieren, bevor du das findest, was genau zu dir passt. Nicht im Einklang mit Gottes Willen zu sein, ist, wie sehr unbequeme Kleidung zu tragen. Doch wenn wir im Einklang mit Gottes Willen leben, fühlen wir uns wohl. Petrus ging auf dem Wasser, bis er sich umschaute und die Wirkung des Windes erkannte. Wir können aus seinem Verhalten lernen. Wenn wir uns zu sehr auf unsere Umstände konzentrieren, anstatt dem Heiligen Geist zu folgen, werden die meisten von uns zu ängstlich sein, um irgendetwas zu tun.

Nicht im Einklang mit Gottes
Willen zu sein, ist, wie sehr
unbequeme Kleidung zu tragen.

Wenn wir älter werden, ändert sich Gottes Wille für uns, doch mit der richtigen Einsicht werden wir die Veränderungen stets auf gute Weise vornehmen können. Vielleicht wirst du in den späteren Jahren deines Lebens die Zeit haben, das zu tun, was dir schon immer am Herzen lag.

Woher weißt du, wann die Zeit gekommen ist, eine Sache aufzugeben und etwas anderes zu tun? Ich möchte ein Beispiel aus meinem eigenen Leben erzählen. Ich glaube, es wird zum Verständnis beitragen. Ich habe 67 Auslandsreisen mit Missionseinsätzen gemacht. Jahrelang reiste ich unter anderem nach Indien und in andere Teile Asiens sowie nach Afrika, Australien, Europa und Südamerika. Nach Indien bin ich am häufigsten gereist und ich war sehr gern dort. Wir veranstalteten Konferenzen und verschiedene Programme, die auf die Hilfe für Arme ausgerichtet waren. Diese Reisen waren sehr erfüllend und wir fanden in den jeweiligen Ländern immer großes Wohlwollen.

Woher weißt du, wann die Zeit gekommen ist, eine Sache aufzugeben und etwas anderes zu tun?

Als das Wohlwollen unserer Arbeit gegenüber nachzulassen schien und sich Türen schlossen, konnte ich nicht verstehen, was da geschah. Schließlich wurde mir sogar die Einreise nach Indien verboten, weil ein hoher Regierungsbeamter nicht länger wollte, dass ich das Evangelium von Jesus Christus in sein Land brachte. Ich wurde auf eine Liste von Personen gesetzt, die nicht ins Land einreisen durften.

Ähnliche Schwierigkeiten gab es auch in anderen Ländern. In Kambodscha hatten wir bereits alles für eine Konferenz vorbereitet und in letzter Minute wurde der Strom in dem Gebäude, das wir benutzten, abgestellt. Zusätzlich zu diesen Widerständen stellte ich fest, dass die Reisen körperlich anstrengender für mich wurden und ich nach meiner Rückkehr mehr Zeit brauchte als früher, um mich davon zu erholen. Es dauerte nicht lange, bis mein Wunsch nachließ, solche Reisen zu machen. Unsere Wünsche sind ein Weg, wie wir Gottes Willen erkennen können.

Warum verlor ich plötzlich den Wunsch, etwas zu tun, das mir so viele Jahre so viel Freude gemacht hatte? Einfach, weil es das Beste für mich sein würde, nicht meine gesamte Energie für diese Reisen aufzuwenden, sondern sie für andere Aufgaben einzusetzen, wie beispielsweise für das Fernsehen. Ich kann nicht persönlich nach Indien reisen, aber ich bin täglich in ganz Indien im Fernsehen, mit Sendungen in ungefähr 60 verschiedenen Sprachen. Die Regierung will mich nicht in Indien, aber Gott schon. Und niemand kann mich aus Indien aussperren, solange Fernsehen und Internet existieren.

Ich kenne andere Menschen in meinem Alter, die regelmäßig in diese Länder reisen und sagen, dass ihnen der Jetlag nichts ausmacht und solche Reisen sie auch nicht erschöpfen. Das sagt mir, Gott möchte, dass sie diese Reisen machen, und es ist sinnlos, mich mit ihnen zu vergleichen. Ich muss nichts weiter tun als das, was Gott von mir möchte – für mehr ist keiner von uns verantwortlich.

Weil ich jahrelang Auslandseinsätze gemacht hatte, kam ich zuerst gar nicht auf die Idee, Gott könne mir sagen, dass für mich die Zeit für diese Arbeit vorbei war. Glücklicherweise erkannte ich schließlich, dass wir für diese spezielle Art von Arbeit keine Gnade mehr hatten, und ich ließ sie los. *Joyce Meyer Ministries* schickt oft Menschen um die ganze Welt, aber sie gehen ohne mich. Manchmal vermisse ich diese Reisen, aber ich weiß, dass ich nicht reisen *und* noch genug Kraft für die Dinge haben kann, die ich momentan tue. Vielleicht wird Gott mir eines Tages erlauben, wieder international zu reisen und zu dienen, aber für den Augenblick hat er mir klargemacht, dass mein Platz in den Vereinigten Staaten ist.

Gott bahnt einen Weg

Wenn Gott will, dass wir etwas Bestimmtes tun, bahnt er immer einen Weg dafür. Er stellt alles zur Verfügung, was wir brauchen – vom Wunsch bis zur Kraft und von der Energie bis zu den Finanzen. Doch wenn er will, dass wir damit aufhören, verschließt er den Weg. Dann versuchen wir vielleicht immer noch, es zu erzwingen, doch wir werden uns vergeblich bemühen und frustriert sein, weil die Frucht, die wir hervorbringen, nicht im Verhältnis zu unserem Einsatz steht.

Es ist mir wichtig, dir klarzumachen, dass sich die Dinge mit zunehmendem Alter ändern müssen, doch diese Veränderungen können gut sein, wenn du sie richtig betrachtest. Statt die verpassten Auslands-Missionsreisen als verlorene Gelegenheiten zu betrachten, konnte ich auf die 67 Gelegenheiten schauen, die Gott mir zum Reisen und Arbeiten gegeben hatte. Ich konnte mich auf all die gute Frucht konzentrieren, die aus diesen Reisen hervorgegangen ist. Meine Seele vermisst es, reisen zu können, doch ich habe im Geist Frieden darüber. Wenn wir lernen, zu erkennen, wozu Gott uns Gnade schenkt und wozu nicht, können wir uns viele Schwierigkeiten ersparen.

Wenn Gott will, dass wir etwas Bestimmtes tun, bahnt er immer einen Weg dafür.

Wenn du mit einigen Dingen konfrontiert bist, die ich erwähnt habe, besteht der erste Schritt zur Veränderung darin, sich der Realität dessen zu stellen, wo du dich aktuell in deinem Leben befindest. Wenn du dich nur noch über all das klagen hörst, was du tun musst, oder sogar sagst: »So kann das nicht weitergehen«, ist das ein Zeichen dafür, dass sich etwas ändern muss. Du bist vielleicht nicht der einzige Mensch, der sich der Realität stellen und zu Veränderungen bereit sein muss. Deine Mitarbeiter, Kollegen, Familie und andere Menschen, mit denen du zu tun hast, werden ebenfalls Anpassungen vornehmen müssen. In meinem Fall hörte ich auf, Missionsreisen zu machen, und delegierte bestimmte Aufgaben an unterschiedliche Personen bei *Joyce Meyer Ministries*.

Es gab Dinge, von denen ich dachte, dass nur ich sie tun könnte, und meine Mitarbeiter sahen das genauso. Doch wir alle fanden heraus, dass Gott seine Gnade für eine bestimmte Aufgabe von einer Person auf eine andere übertragen kann, und wenn er das tut, funktioniert es genauso gut oder sogar noch besser als zuvor.

Solange ich immer zu den Ansprüchen anderer Personen an

meine Zeit »Ja« sagte, konnte ich die Veränderungen, die Gott von mir wollte, nicht vornehmen. Ich entdeckte, dass die Menschen, denen ich wirklich am Herzen lag, es verstanden, als ich anfing, zu einigem »Nein« zu sagen, und mich sogar dazu ermutigten. Erschöpfe dich nicht mit Dingen, mit denen Gott fertig ist, nur um Menschen zu gefallen. Er will, dass du einige dieser Dinge loslässt und dich auf das konzentrierst, was er heute für dich hat.

Wenn du dich nur noch über all
das klagen hörst, was du tun
musst, ist das ein Zeichen dafür,
dass sich etwas ändern muss.

»Ich habe heute weniger Kondition als früher. In gewisser Weise ist das etwas sehr Gutes. Ich bin dadurch gnädiger und freundlicher zu mir selbst geworden. Es gelingt mir auch besser, Grenzen zu setzen; ich kann sie aber weicher und behutsamer kommunizieren und wenn nötig »Nein« sagen. Das Allerbeste ist jedoch, dass ich mich wohl damit fühle, dass ich manchmal einfach ein Mittagsschläfchen brauche. Die allnachmittägliche Ruhezeit, auf die meine Mutter bestand, als ich ein Kind war, ist wieder da und nun endlich ein hoch geschätztes Geschenk.«

M. J.

KAPITEL 11

Ausruhen lernen

»Kommt alle her zu mir, die ihr müde seid und schwere Lasten tragt, ich will euch Ruhe schenken.«

Matthäus 11,28

Jesus sagt in Matthäus 11,28, dass es Zeiten geben wird, in denen wir müde und belastet oder erschöpft sind. In diesen Zeiten sollen wir, so sagt er uns, zu ihm kommen und er wird uns Ruhe schenken. Jesus bietet uns Ruhe an, doch wir müssen bereit sein, diese zu empfangen. Der Psalmist David schrieb:

Der Herr ist mein Hirte, ich habe alles, was ich brauche. Er lässt mich in grünen Tälern ausruhen, er führt mich zum frischen Wasser.

Psalm 23,1-2

Ich bin ein großer Fan von harter Arbeit und ich glaube, sie ist etwas, das Gott gefällt. Aber wenn wir nicht auch Ruhephasen haben, kann übermäßige Arbeit unserer Gesundheit schaden. Gott sagt uns, wir sollen sechs Tage arbeiten und einen Tag ausruhen. Offensichtlich sollen wir also mehr arbeiten als ausruhen. Doch wenn wir unseren Zeitplan nicht ausgewogen gestalten, schaffen wir Potenzial für Probleme.

Ich las einmal die Lebensgeschichte von einem Pfarrer im 19. Jahrhundert, der sehr hart arbeitete und ständig predigte und reiste. Es wurde erwähnt, dass er einmal eine dreijährige Auszeit nahm. Ich weiß noch, dass ich mich fragte, warum er das tat. Obwohl in der Geschichte kein Grund genannt wurde, hätte es sein können, dass er sich völlig verausgabt hatte. Scheinbar gehen geistlicher Dienst und Burn-out oft Hand in

Hand. Manche Pastoren erzählen ihre Geschichte nicht so gern, weil sie oft das Gefühl haben, immer stark sein zu müssen und keine Schwäche zugeben zu dürfen. Doch ich habe genügend Geschichten gehört, um zu wissen, dass Burn-out und Erschöpfung nicht wenige Personen im geistlichen Dienst betreffen. Ich glaube, die Leidenschaft, Menschen zu helfen, gepaart mit der Verantwortung, die wir empfinden, treibt uns dazu, über die Grenzen dessen hinauszugehen, was klug ist.

Wenn wir unseren Zeitplan nicht ausgewogen gestalten, schaffen wir Potenzial für Probleme.

Auch viele Geschäftsinhaber oder Personen in Berufen mit einem hohen Maß an Verantwortung sind von Burn-out betroffen. Wenn man sich dessen bewusst ist, dass viele Menschen von einem abhängig sind, weiß man, dass man arbeiten muss, und nicht zu arbeiten, ist schwierig. Recherchen des US-Reiseverbandes ergaben, dass US-Amerikaner im Jahr 2018 noch 768 Millionen ungenutzte Urlaubstage hatten – das waren 9 Prozent mehr als 2017. Ein Drittel dieser Urlaubstage verfiel komplett, ein Verlust von umgerechnet 65 Milliarden Dollar für die Mitarbeiter.

Eine Mutter kann erschöpft und ausgebrannt sein, weil sie kaum Zeit zur Entspannung findet. Sie muss Essen zubereiten, die Wäsche erledigen, sich um die Schularbeiten und Aktivitäten der Kinder kümmern und Chauffeurin für alle Aktivitäten der Kinder spielen – da bleibt kaum freie Zeit übrig. Zusätzlich unterrichten manche Mütter in den USA ihre Kinder selbst, was an sich schon ein Vollzeitjob ist.

Jeder kann einen Burn-out erleben, wenn er nicht klug mit den Anforderungen des Lebens umgeht. Wer Zeit zum Entspannen haben will, muss sie einplanen, statt einfach darauf zu warten, dass sie im Kalender auftaucht. Mein Sohn und seine Frau haben vier junge Söhne und sie planen einmal pro Woche einen Paar-Tag oder Paar-Abend ein. Sie engagieren einen Babysitter und verbringen Zeit miteinander, denn das ist gut für ihre Ehe und ermöglicht ihnen eine Ruhezeit.

Vergiss nicht: Wenn dir dein Zeitplan nicht gefällt, bist du die Person, die etwas daran ändern kann, denn du hast ihn erstellt. Vielleicht ist es an der Zeit, dass du dich vom Heiligen Geist leiten lässt und dein Leben selbst in die Hand nimmst, anstatt zuzulassen, dass dein Leben von den Umständen und den Forderungen anderer bestimmt wird. Vielleicht musst du regelmäßige Ruhezeiten einplanen und dann einhalten, so wie du es mit einem wichtigen Termin machen würdest.

Vergiss nicht: Wenn dir dein Zeitplan nicht gefällt, bist du die Person, die etwas daran ändern kann, denn du hast ihn erstellt.

Als ich die Diagnose »Nebennierenermüdung« erhielt und mir eine 18-monatige Ruhepause verordnet wurde, in der ich nur das absolut Notwendige tun durfte, war meine erste Frage an den Arzt: »Was *macht* man denn, wenn man sich ausruht?« Meine Frage war ziemlich merkwürdig, wenn ich heute daran zurückdenke. Kein Wunder, dass ich ein Problem hatte! Ich verstand nicht, dass wir manchmal eine Zeit lang einfach gar nichts tun müssen, das nach Arbeit aussieht, damit wir uns körperlich, geistig und seelisch von all der Arbeit erholen können, die wir bereits getan haben.

Die Verordnung von 18 Monaten Ruhe war notwendig, weil ich mich jahrelang nicht ordentlich ausgeruht hatte. Der Mangel an Ruhe hatte meinem ganzen System so sehr geschadet, dass es nicht in ein paar Tagen ausheilen konnte. Bei einer schweren Nebennierenermüdung kann eine Erholungszeit von 18 Monaten bis zu zwei Jahren notwendig sein und manche Menschen erholen sich nie ganz davon. Das verstehe ich, doch ich glaube auch, dass bei Gott alles möglich ist. Ich weiß, dass er unsere Fehler ausgleicht und unsere Seele und unseren Körper wiederherstellt. Ich vertraue Gott und glaube an eine vollständige Wiederherstellung, und wenn du dich verausgabt hast, kannst auch du darauf vertrauen, dass Gott alles wiederherstellt, was du verloren hast.

In den ersten Tagen meiner Erholungszeit war ich so müde, dass ich nicht viel mehr tun konnte, als im Sessel zu sitzen und aus dem Fenster zu schauen. Doch innerlich dachte ich immer wieder: »Ich sollte etwas tun.« Ich musste lernen, der Ruhe den gleichen Wert beizumessen wie der Arbeit. Vielleicht geht es dir auch so. Es ist nichts Falsches daran, wenn du dich ausruhen musst, und du solltest dich nicht schuldig fühlen, weil du dir Zeit zum Ausruhen nimmst. Stephen Covey sagt: »Andere erwarten von uns, dass wir beschäftigt und überarbeitet sind. Das ist in unserer Gesellschaft zu einem Statussymbol geworden – wenn wir beschäftigt sind, sind wir wichtig; wenn wir nicht beschäftigt sind, ist es uns fast peinlich, das zuzugeben.«

Es ist nichts Falsches daran, wenn du ausruhen musst, und du solltest dich nicht schuldig fühlen, weil du dir Zeit zum Ausruhen nimmst.

In unserer Leistungsgesellschaft denken wir oft, dass wir uns dafür rechtfertigen müssen, einen Tag freizunehmen. Doch Gott hat es uns befohlen, deshalb muss es etwas Gutes sein. Wenn sogar ein junger Mensch einen Ruhetag von sieben Tagen braucht, glaube ich, dass es für jemanden, der 70 oder 80 Jahre alt ist, durchaus erlaubt sein darf, sich mehr als einen Tag pro Woche freizunehmen, wenn nötig. Zusätzlich zu den freien Tagen habe ich auch festgestellt, dass es mir hilft, weniger Stunden pro Tag zu arbeiten. Das erlaubt mir, mich immer noch produktiv zu fühlen, ohne dass es über das Maß hinausgeht, was ich mit Gottes Gnade tun kann.

Wenn Dave müde ist, ruht er sich aus. So einfach ist das. Und wenn er mehrere Tage hintereinander müde wäre, würde er sich mehrere Tage hintereinander ausruhen. Er würde sich nicht schuldig fühlen oder überlegen, was mit ihm nicht stimmen könnte; er würde sich einfach ausruhen. Die Folge ist, dass er sich 99,9 Prozent der Zeit gut fühlt. Wenn ich müde bin, versuche ich normalerweise als Erstes herauszufinden, warum das so ist, anstatt einfach meinen Zustand zu akzeptieren und mich auszuruhen – doch Gott sei Dank lerne ich ständig dazu und werde immer besser darin.

Ich weiß noch, als ich neu im geistlichen Dienst war, unterhielt ich mich einmal mit einem Mann, der eine große und erfolgreiche christliche Organisation hatte. Er erwähnte (tatsächlich prahlte er), dass er seit zwölf Jahren keinen Tag freigenommen hatte. Ich erinnere mich noch, wie ich damals dachte: »Wie geistlich er sein muss!« Jetzt weiß ich, dass er sehr unklug war. Sein Stolz darauf, sich zwölf Jahre lang keinen freien Tag genommen zu haben, zeigt uns, wie verquer unser Denken sein kann. Sicher gibt es andere Dinge, auf die wir stolz sein können, statt darauf, so hart zu arbeiten, dass wir uns krank machen. Wenn ich höre, wie Menschen übermäßig viel darüber sprechen, wie hart sie arbeiten und was sie alles tun, dann erkenne ich, dass es Menschen sind, die ihren Wert in dem finden, was sie tun. Sie müssen noch lernen, dass ihr Wert darin liegt, Kinder Gottes zu sein – unabhängig von ihren Werken.

Manchmal, wenn ich anderen erzähle, dass mein Arzt mir seinerzeit 18 Monate Ruhe verordnete, reagieren sie so wie ich. Sie haben keine Ahnung, wie Ausruhen geht. Auch sie wollen wissen, was sie tun sollen, während sie ausruhen. Der springende Punkt ist nicht, dass wir beim Ausruhen dasitzen und absolut nichts tun dürfen, sondern dass wir etwas tun sollten, das entspannend und angenehm ist. Das kann alles sein, was nichts mit der Arbeit zu tun hat. Unterschiedliche Menschen erholen sich auf unterschiedliche Weise und jeder von uns muss seinen eigenen Weg finden, um das gewünschte Resultat zu erzielen.

Ich erinnere mich, wie eine Freundin mir erzählte, dass ihr Mann Energie tankt, wenn er mit vielen Menschen zusammen ist. Sie hingegen sagt: »Das laugt mich aus!« Manche finden den Aufenthalt im Freien sehr erfrischend, während andere sich in ihrem Lieblingssessel an einem ruhigen und schönen Ort ausruhen. Ich liebe mein Haus. Es ist so eingerichtet, wie es zu mir passt, und ich finde es sehr hübsch; deshalb fühle ich mich wohl und ausgeruht, wenn ich zu Hause sitzen kann. Nichts mag ich mehr als meinen Kamin an einem kalten Tag, meinen Sessel, eine leichte Decke und ein gutes Buch oder einen guten Film. Ich habe auch eine Freundin, die sich nach einer Acht-Kilometer-Wanderung belebt fühlt. Wenn du nicht weißt, wie du dich ausruhen sollst, dann fang an, abenteuerlustig zu sein und unterschiedliche Dinge auszuprobieren, bis du etwas findest, das für dich funktioniert.

Ausruhen ist ein Glaubensschritt

So wie Petrus einen Glaubensschritt machte, um aus dem Boot zu steigen und auf dem Wasser zu gehen, kann auch das Ausruhen für viele von uns einen Glaubensschritt erfordern. Wir müssen Gott vertrauen, dass er uns hilft, in sechs Tagen das zu schaffen, wofür wir meinen sieben Tage zu benötigen. Das ist vergleichbar mit dem Prinzip des Zehnten. Gott kann 90 Prozent unseres Geldes weiter reichen lassen als 100 Prozent, wenn wir ihm im Glauben die ersten 10 Prozent unseres gesamten Einkommens geben.

Bis ich dieses Buch schrieb, betrachtete ich Ausruhen nie als etwas, das gewissermaßen das Gleiche ist, wie den Zehnten zu geben. Doch so ist es. Wenn wir das Prinzip des Sabbats ehren, kann Gott unsere Zeit und Wirksamkeit vervielfältigen.

Ich glaube nicht, dass dein Ruhetag ein spezieller Wochentag sein muss. Du kannst dir einen Tag aussuchen und jede Woche am gleichen Tag ausruhen oder du kannst den Tag ändern, sodass er zu deinem Zeitplan passt. Doch einer von sieben Tagen gehört Gott. Er ist sein Geschenk an dich, und die Sabbatruhe einzuhalten, wird dir helfen, die anderen sechs Tage besser zu bewältigen.

Das Einhalten des Sabbats ist eines der Zehn Gebote. Auch wenn wir als neutestamentliche Christen nicht mehr dem zeremoniellen mosaischen Gesetz unterworfen sind, sind wir doch dafür verantwortlich, die Zehn Gebote einzuhalten. Sie haben sich nicht geändert. Wir würden nicht sagen, dass das Morden, Lügen oder Stehlen zulässig ist, weil wir jetzt unter dem Neuen Bund leben – warum sollten wir also meinen, wir bräuchten uns nicht mehr auszuruhen? Alle Gebote Gottes sind zu unserem Besten und der Sabbat ist für die Menschen gemacht und nicht die Menschen für den Sabbat. Das Einhalten des biblischen Ruhetages ist keine Regel, die wir einhalten müssen, sondern ein Vorrecht, das wir genießen dürfen. Geh den Glaubensschritt und fang an, Ruhezeiten in deinen Kalender einzutragen, so wie du andere Verpflichtungen dort einträgst. Ich versichere dir, dass Gott dir helfen wird, alles zu erreichen, was du erreichen sollst.

Innere Ruhe

Der 23. Psalm lehrt uns, dass Gott unsere Seele erquickt, wenn wir ausruhen. Unsere Seele ist der innere Teil von uns, den niemand sieht, der uns aber sehr bewusst ist. Die Seele eines Menschen besteht aus dem Verstand, dem Willen und den Gefühlen. Manchmal brauchen wir innere Ruhe (Ruhe für unsere Seele) noch mehr als äußere Ruhe (Ruhe für unseren Körper). Ein Mensch kann den ganzen Tag am Strand liegen und sich trotzdem Sorgen machen oder wütend sein. Wenn das der Fall ist, ruht dieser Mensch nicht wirklich aus.

Ich habe irgendwo gelesen, dass acht Stunden Sorgen vierzig Stunden harter Arbeit entsprechen. Wie viele Stunden deines Lebens hast du mit Sorgen vergeudet? Ich weiß, dass es bei mir zu viele waren, und das hat zu dem Stress beigetragen, der schließlich seinen Tribut von meinem Körper forderte.

Acht Stunden Sorgen entsprechen
vierzig Stunden harter Arbeit.

Dennoch finden wir immer wieder Anlass zur Sorge. Wir machen uns Sorgen darüber, was andere von uns denken, oder über unsere Kinder, unsere Finanzen, die Zustände in der Welt, unsere Gesundheit, die Pflege älterer Angehöriger, was aus uns wird, wenn wir älter werden, und tausend andere Dinge. Nach all der Zeit, die ich mit Sorgen vergeudet hatte, lernte ich jedoch eine Lektion: Sorgen sind völlig nutzlos und ändern nichts an unserer Situation, sondern sie schaden unserer geistlichen, psychischen, emotionalen und körperlichen Gesundheit.

Ich glaube, der einzige Weg, mit dem Sorgenmachen aufzuhören, besteht darin, zu erkennen, dass wir unsere Probleme nicht selbst lösen können. Wir können tun, was uns möglich ist, doch dann müssen wir in Gottes Ruhe eintreten und ihm vertrauen. Der Verfasser des Hebräerbriefs sagt, dass die Israeliten *wegen ihres Unglaubens* nicht in Gottes Ruhe eintreten konnten (vgl. Hebräer 3,19). Die Menschen heute haben das gleiche Problem. Wahre Ruhe, besonders innere Ruhe, kommt aus völligem Vertrauen auf Gott und dem Glauben, dass er treu ist und uns nie verlassen oder *im Stich lassen* wird (vgl. 5. Mose 31,6).

Wenn wir es mit einer Herausforderung oder dem geistlichen Kampf zu tun haben, sollen wir, so schreibt Paulus, alles tun, was die Krise verlangt, und dann fest an unserem Platz stehen (vgl. Epheser 6,13). Das Wort *stehen* in diesem Vers bedeutet in Gott bleiben oder ruhen. Tu, was du tun kannst – wovon du glaubst, dass Gott es von dir will –, und dann lass deine Probleme in seinen Händen. Lukas 18,27 erklärt: »*Was menschlich gesehen unmöglich ist, ist bei Gott möglich.*«

Ich möchte dich ermutigen, deinen Emotionen Ruhe zu gönnen, indem du alle negativen Gefühle loslässt. Achte äußerst sorgfältig darauf, Wut loszulassen, denn dieses Gefühl laugt uns besonders aus. Der einzige Weg, keine Wut mit uns herumzutragen, besteht darin, schnell vergeben zu lernen, so wie Gott uns vergibt. Anderen gegenüber barmherzig zu sein, ist viel besser für uns, als sie zu verurteilen. Heutzutage sind so viele Menschen wütend, dass es erschreckend ist. Ich glaube, man kann mit Sicherheit sagen, dass wir in einer zornigen Wut leben, und ich glaube, es liegt teilweise daran, dass viele Menschen sich hoffnungslos fühlen. Danken wir Gott, dass wir auf ihn hoffen können, und wenn wir das tun, enttäuscht er uns nie (vgl. Römer 5,5). Hoffnung ist die Erwartung, dass etwas Gutes geschehen wird. Die Welt – Menschen, die Jesus nicht kennen – hat keine Hoffnung.

Unser sorgenerfüllter, hektischer Lebensstil zehrt an unserer Kraft und lässt uns ausgelaugt zurück, doch das kann sich ändern. Eine besondere Ruhe steht uns zur Verfügung, wenn wir bereit sind, in diese einzutreten. In Hebräer 4,1-3 lesen wir, dass die Verheißung von *Gottes Ruhe* immer noch steht, und wir sollten darauf achten, sie zu empfangen. Als Christen können wir in diese *Ruhe* eintreten.

In den letzten Monaten hatte ich den starken Eindruck, dass ich Christen in ihrem Glauben stärken sollte, indem ich sie ermutige, sich daran zu erinnern, dass bei Gott alles möglich ist. Wenn wir diese Wahrheit glauben, können wir frei von der Qual der Angst leben. Dazu gehört auch die Angst vor dem Älterwerden oder vor dem Tod. Gott hat jeden von uns in seiner Hand und er hat einen Plan für uns. Das Datum für unseren

Abgang von dieser Erde steht fest, und wenn es an der Zeit ist, zu gehen, wird es herrlich sein. Wie Paulus schrieb: *Denn Christus ist mein Leben, aber noch besser wäre es, zu sterben und bei ihm zu sein* (Philipper 1,21). Die Entscheidung, ob er lieber in den Himmel gehen oder auf der Erde bleiben würde, fiel ihm schwer:

> *Ich fühle mich zwischen zwei Wünschen hin- und hergerissen: Ich sehne mich danach, zu sterben und bei Christus zu sein, denn das wäre bei Weitem das Beste. Doch für euch ist es besser, wenn ich lebe. Darauf vertraue ich und deshalb werde ich bei euch bleiben, damit ihr im Glauben wachst und erlebt, welche Freude der Glaube bringen kann.*
>
> Philipper 1,23-25

Hebräer 4,11 lehrt uns, dass wir *uns bemühen* sollen, in Gottes *Ruhe* einzutreten. Dazu gehört auch die Ruhe im Hinblick auf das Älterwerden und den Tod. Viele unserer Bemühungen sind nutzlos, weil wir versuchen, das zu tun, was nur Gott tun kann; stattdessen sollten wir uns jeden Tag, in jeder Situation, bemühen, in Gottes *Ruhe* einzutreten.

»Spare Geld und geh weise mit deinen Mitteln um, nicht, damit du selbst mehr hast, sondern damit du anderen helfen und ihnen ein Segen sein kannst.«

J. F. F.

KAPITEL 12

Angst vor dem Unbekannten

Angst ist der Schmerz, der aus der Erwartung des Bösen entsteht.

Aristoteles

Wenn wir ans Älterwerden denken, schauen wir in die Zukunft und finden meist viele Fragen ohne Antworten. Wir fragen:

- Wie lange werde ich leben?
- Werde ich länger leben als mein Ehepartner?
- Werde ich genug Geld haben, um mich zu versorgen, sobald ich nicht mehr arbeiten kann und kein Einkommen mehr habe?
- Wenn ich nicht arbeiten kann, was werde ich dann mit meiner ganzen Zeit anfangen?
- Was ist, wenn ich krank oder behindert sein werde?

Doch diese Dinge brauchen wir nicht zu fürchten oder uns Sorgen um sie zu machen, denn Gott verspricht uns, uns bis zum Tod zu begleiten (vgl. Psalm 48,15). Im Glauben zu leben, bedeutet von Natur aus, dass wir nicht alles wissen. Gottes Leitung geschieht schrittweise, also verzweifle nicht, wenn du heute noch nicht das gesamte Bild deiner Zukunft sehen kannst.

Eines der großen Probleme, mit denen Menschen zu kämpfen haben, ist die Angst vor dem Alleinsein. Vielleicht haben sie ihren Ehepartner bereits überlebt und haben keine Kinder oder sie haben sich nicht die Zeit genommen, gute Beziehungen zu ihren Kindern aufzubauen. Vielleicht haben sie keine Verwandtschaft – Geschwister oder Cousins und Cousinen – oder sie haben ihre besten Freunde überlebt. Obwohl diese Ängste verständlich sind, sind sie sinnlos. Sie rauben ihnen nur die Energie, die sie brauchen, um heute zu leben, und morgen helfen sie gar nicht. Wie Aristoteles zu Recht feststellte, erwächst Angst aus der Erwartung des Bösen.

Angelehnt an die Übertragung von Sprüche 15,15 der *Classic Edition* der *Amplified Bible,* bezeichne ich solche Ängste als »böse Vorahnungen«. In diesem Vers heißt es, dass unsere Tage durch die »ängstlichen Gedanken und Vorahnungen« »böse gemacht« werden. Wir können uns ebenso leicht entscheiden zu glauben, dass etwas Gutes geschehen wird, wie, dass etwas Böses geschehen wird. Es ist viel besser für uns zu glauben, dass Gutes geschehen wird, als eine negative Perspektive zu haben.

Ein Freund von mir besuchte kürzlich ein Gebetstreffen mit etwa 1.200 Teilnehmern vor Ort und vielen weiteren Teilnehmern online. Menschen aus über 100 Ländern der Welt schickten ihre Gebetsanliegen per E-Mail ein. Als den Leitern auffiel, wie viele Gebetsanliegen »die Angst vor etwas« erwähnten, sagten sie, sie hätten erkannt, dass Angst eines der größten Probleme sei, mit denen Menschen heute zu kämpfen hätten. Weil sie die Leitung des Heiligen Geistes spürten, legten sie den Fokus den ganzen Abend darauf, sich im Gebet gegen die Angst zu stellen. Sie baten Gott, den Menschen dabei zu helfen, die Angst zu überwinden.

Ich habe einmal gelesen, dass in den meisten Fällen die Angst vor etwas viel schlimmer ist, als wenn das Gefürchtete tatsächlich eintritt. Gott schenkt uns immer die Gnade (Fähigkeit), mit schwierigen Dingen umzugehen, wenn wir ihm vertrauen – doch er gibt sie uns nicht eher, als wir sie tatsächlich brauchen. Wenn wir in die Zukunft schauen und Gott nicht vertrauen, schauen wir ohne Gnade nach vorn. Doch der Glaube lässt uns in dem Wissen in die Zukunft blicken, dass die Gnade kommen wird, wenn wir sie brauchen.

Ich habe einmal eine Geschichte über einen jungen Pastor gehört, der zusammen mit einem älteren Pastor im Gefängnis saß. Beide sollten am folgenden Morgen auf dem Scheiterhaufen verbrannt werden, weil sie ihren Glauben an Jesus verkündigt hatten. Der junge Mann war sichtlich aufgelöst, doch der ältere Mann hatte Frieden. Der junge Mann zündete mit einem Streichholz eine Kerze an und verbrannte sich dabei den Finger. In einem Gefühlsausbruch fragte er, wie er es denn ertragen sollte, auf dem Scheiterhaufen verbrannt zu werden, wenn schon ein verbrannter Finger so sehr wehtat. Der ältere Pastor erwiderte in großer Weisheit, dass Gott ihm keine Gnade für einen verbrannten Finger gegeben habe, doch wenn der nächste Morgen anbräche, würde er ihm für den Scheiterhaufen Gnade schenken.

In den meisten Fällen ist die Angst vor etwas viel schlimmer, als wenn das Gefürchtete tatsächlich eintritt.

Keiner von uns weiß, was die Zukunft bringen wird, doch durch den Glauben wissen wir – wie es in einem alten Spruch heißt –, *wer* die Zukunft in der Hand hält. Ich erwarte Gutes, doch wenn Probleme kommen, weiß ich, dass Gott mich stärken und mir die Gnade (Kraft und Fähigkeit) schenken wird, damit fertigzuwerden.

Das Schöne am Gottvertrauen

Heute Morgen unterhielt ich mich mit jemandem darüber, wie leicht das Leben wird, wenn wir lernen, Gott zu vertrauen und zu glauben, dass er für uns sorgen wird. Es läuft nicht immer alles so, wie wir es uns wünschen, aber Gott wirkt *alles zum Guten* für die Menschen, die ihn lieben und seinen Willen tun wollen (vgl. Römer 8,28).

Ich habe endlich begriffen, dass ich, wenn ich ein Problem habe, das ich nicht lösen kann, es im Gebet an Gott abgeben und Frieden haben kann, während er die Situation löst. Es hat einige Jahre gedauert, bis ich diesen Punkt erreicht habe, also musst du dich nicht schlecht fühlen, wenn du noch nicht so weit bist. Je mehr du mit Gott erlebst und je mehr du seine Treue erkennst, desto leichter wird es dir fallen, deine Sorgen und Ängste an ihn abzugeben.

Für jeden, aber besonders für Menschen im höheren Lebensalter, ist es ein großer Segen, beten zu können, anstatt sich Sorgen zu machen – denn Gott erhört Gebete in jedem Fall. Er tut Dinge, die wir nicht tun können, und wir dürfen das Resultat genießen. Gott bahnt immer einen Weg für die Menschen, die ihm vertrauen.

Die Sorge raubt dir die Kraft, die du heute zum Leben brauchst, weil sie sich häufig in der Vergangenheit oder Zukunft bewegt – und auf beides hast du keinen Einfluss. Überleg einmal: Wie oft machen sich Menschen Sorgen über das, was passieren *wird*, oder über die Folgen dessen, was passiert *ist*? Ich habe keine Statistik, aber ich glaube, es geschieht *sehr oft*! Natürlich machen sich Menschen auch Sorgen über das, was in der Gegenwart geschieht, und das raubt ihnen die Kraft, zu leben und den Tag zu genießen, den sie haben.

Sorgen können sogar dem Körper schaden. Es ist bekannt, dass dadurch Magengeschwüre und andere Magenbeschwerden entstehen können. Außerdem können sie Darmprobleme, Kopfschmerzen, nervöse Anspannung und Reizbarkeit verursachen. Sogar Krebs wird mit dem Stress von Sorgen in Verbindung gebracht. Wenn du körperliche Beeinträchtigungen hast, mache ich dir Mut, einen Tag nach dem anderen zu leben und dein Heute nicht damit zu verschwenden, dass du dir Sorgen um morgen machst.

Vor Kurzem sah ich eine Karikatur mit einer Unterschrift, über die ich sehr lachen musste. Sie lautete: »Wenn du über 40 bist und man dir sagt, du sollst ein Pflaster auf die schmerzende

Stelle kleben, dann siehst du so aus …« Das Bild zeigte einen Mann mit einem riesigen Pflaster, das seinen ganzen Körper von Kopf bis Fuß bedeckte.

Das ist natürlich eine Übertreibung, doch wenn wir älter werden, gibt es vielleicht Tage, an denen uns alles wehtut. Ich bin steifer als früher, besonders morgens, deshalb mache ich jeden Morgen ungefähr 15 Minuten lang Dehnübungen. Das lindert die Steifheit und hilft mir, meine Rückenschmerzen in den Griff zu bekommen. Gute Dehnübungen sind wichtig, besonders je älter wir werden. Bevor du damit anfängst, solltest du dich medizinisch beraten lassen, wie du dich richtig dehnst, denn wenn du verspannte Muskeln zu schnell dehnst, kannst du dich verletzen.

An manchen Tagen kommt es mir so vor, als würde mein Körper aufstehen und mein Gehirn im Bett bleiben, und es dauert eine Weile, bis ich mich munter fühle. Ich erinnere mich an Jahre, in denen ich aus dem Bett springen und sofort Entscheidungen treffen und alles Mögliche tun konnte – aber heute brauche ich etwas mehr Zeit, um meinen Körper und mein Gehirn dazu zu bringen, mit mir zusammenzuarbeiten.

Es gab eine Zeit, in der ich zuließ, dass ich bei körperlichen Herausforderungen wie dieser dachte: »Ich werde alt!« Das tue ich jetzt nicht mehr. Ich erkenne einfach, dass sie Teil des Alterungsprozesses sind, und ich tue alles, was ich kann, um die Symptome zu bekämpfen. Ich habe meinen Fitnesstrainer gefragt: »Wenn ich 90 werde und immer noch das gleiche Trainingsprogramm absolviere wie heute, werde ich dann noch genauso schwere Gewichte stemmen können?«

An manchen Tagen kommt es mir so vor, als würde mein Körper aufstehen und mein Gehirn im Bett bleiben.

Ohne zu zögern, sagte er »Nein« und er erklärte mir, dass unser Körper älter wird und dass dies einfach zum Leben dazugehört.

Er versicherte mir, dass meine Kondition durch das Training in den vergangenen Jahren gut genug ist, um auch zukünftig weiterzutrainieren, nur nicht auf dem gleichen Niveau wie heute.

Gib dir die Erlaubnis, dich zu verändern, wenn du älter wirst, ohne das Gefühl zu haben, dass du deshalb alt oder schwach und kraftlos bist.

Zweifel und Unsicherheit

Wenn wir älter werden, müssen wir viele wichtige Entscheidungen treffen. Wir werden entscheiden müssen, wie lange wir noch arbeiten, bevor wir in den Ruhestand gehen. Vielleicht stellen wir fest, dass wir das große Haus nicht mehr brauchen, in dem wir gewohnt haben, als unsere Kinder aufwuchsen, und wir müssen entscheiden, ob wir es verkaufen. Wenn wir es verkaufen, müssen wir entscheiden, ob wir in etwas Kleineres oder Barrierefreieres umziehen, vielleicht in eine Eigentumswohnung, eine Mietwohnung oder sogar ein Seniorenheim, wo es Aktivitäten für uns und andere Menschen in der gleichen Lebensphase gibt. Wenn du Kinder hast, die dich lieben, können sie dir bei vielen dieser Entscheidungen helfen, doch am Ende kannst nur du entscheiden, was du willst und was am besten für dich ist.

Eine Entscheidung zu treffen und dann Zweifel daran zu haben oder dich zu fragen, ob es die richtige Entscheidung war, ist nicht ungewöhnlich. Zweifel sind in Wirklichkeit eine Form von Angst und sie können viel Verwirrung in eine Situation bringen. Hast du schon einmal gedacht: »Habe ich die richtige Entscheidung getroffen? Ich weiß es nicht. Vielleicht schon. Vielleicht aber auch nicht!«?

Wir können im Kopf ewig hin und her überlegen, aber ich habe festgestellt, dass, wenn ich verwirrt bin, die beste Vorgehensweise darin besteht, innezuhalten, mein Gehirn abzuschalten und einfach auf das zu schauen, was in meinem Herzen ist – nicht um herauszufinden, was ich *denke*, dass ich tun sollte, sondern was ich *glaube*, dass ich tun sollte.

Jede Entscheidung, besonders, wenn sie wichtig ist, verdient es, dass wir uns einen angemessenen Zeitraum zum Beten und Nachdenken über die beste Möglichkeit nehmen. Doch irgendwann müssen wir eine Entscheidung treffen und vorangehen. Angst kommt vom Teufel, um uns am Vorangehen zu hindern. Er benutzt sie, um uns entweder zurückzudrängen oder dafür zu sorgen, dass wir an einer Stelle stecken bleiben. Der Glaube ist Gottes Geschenk an diejenigen, die ihm vertrauen. Mit dem Glauben können wir die Angst überwinden. Hier ist ein Bibelvers, an den ich mich viele Jahre geklammert habe, als ich dabei war, mir von Gott helfen zu lassen, mich meiner Angst zu stellen und diese zu besiegen:

> *Ich betete zum Herrn, und er antwortete mir und befreite mich von allen meinen Ängsten.*
>
> Psalm 34,5

Ich frage dich: Wovor hast du heute Angst? Hast du Angst vor dem Altwerden? Vergiss nicht: Du kannst älter werden, ohne alt zu werden, und das Leben dabei genießen. Doch das Altern ist etwas, das uns allen widerfährt. Man kann es nicht aufhalten, also gibt es keinen Grund, es zu fürchten. Wenn du an Gott glaubst, wirst du für alles bereit sein, was du tun musst, wenn die Zeit gekommen ist. Du hast seine Verheißung, dass er dich nie verlassen oder im Stich lassen wird, und er wird immer für dich sorgen.

> *Denn Gott hat gesagt: »Ich werde dich nie verlassen und dich nicht im Stich lassen.« Deshalb können wir zuversichtlich sagen: »Der Herr steht zu mir, deshalb fürchte ich mich nicht. Was können mir Menschen anhaben?«*
>
> Hebräer 13,5-6

Diese Bibelstelle ist so ermutigend und du kannst immer wieder zu ihr zurückkehren, wenn du Angst vor der unbekannten Zukunft hast.

Fürchte dich nicht vor dem Älterwerden

Es ist leicht, in die Falle der Angst vor dem Älterwerden zu tappen, denn wir wissen, dass es Dinge gibt, die wir heute tun, aber dann nicht mehr tun können. Vielleicht ist es ein Sport, ein Hobby, irgendeine Arbeit oder eine Reihe von Aktivitäten. Furcht verhindert nicht, dass etwas geschieht – sie stiehlt uns nur die Zeit, die wir jetzt haben. Ich möchte dir drei Worte mitgeben, die dir helfen werden, jeden Tag mehr zu genießen: *Fürchte dich nicht.* Furcht ist nichts anderes als die Erwartung einer unangenehmen Erfahrung. Wie Angst ist sie das Gegenteil von Hoffnung und Glauben.

Furcht verhindert nicht, dass etwas geschieht – sie stiehlt uns nur die Zeit, die wir jetzt haben.

Gott will nicht, dass du vor irgendetwas Angst hast oder dich fürchtest. Es wird dir nur deine Freude und Kraft rauben, das zu erreichen, was du tun musst. Frei von Angst und Furcht zu sein, bedeutet nicht, dass du sie nie verspüren wirst. Es bedeutet lediglich, dass du deine Entscheidungen nicht von ihnen bestimmen lassen wirst. Ich habe ein ganzes Buch darüber geschrieben, *Tu es trotz deiner Angst*, um Menschen zu helfen, sich davon zu befreien, dass Angst die Entscheidungen beherrscht, die sie treffen.

Denk immer daran, dass deine Einstellung zu jeder Situation bestimmt, ob du sie genießen wirst oder nicht. Deine Einstellung gehört dir und niemand kann dich zu einer schlechten Haltung zwingen, wenn du es nicht willst.

»Ich wünschte, jemand hätte mich deutlicher auf die körperlichen und hormonellen Veränderungen hingewiesen, die mit dem Älterwerden einhergehen – nicht einfach nach dem Motto ›Sei froh, dass du nicht in meinem Alter bist‹, sondern mit der Bereitschaft, Weisheit weiterzugeben, ehrlich zu kommunizieren und mir fürsorglich zu begegnen.«

M. J.

KAPITEL 13

Hör auf deinen Körper

Wenn du auf deinen Körper hörst, sobald er flüstert, wirst du ihn nicht schreien hören müssen.

Autor unbekannt

Ein Arzt sagte mir einmal, mein Kopf sei stärker als mein Körper. Er sagte auch, dass mein Kopf mich in gesundheitliche Schwierigkeiten bringe, denn selbst wenn mein Körper mir mitteile, ich solle mich ausruhen, sage mein Kopf mir, dass ich durchhalten und weitermachen könne. Damals dachte ich, das sei etwas, worauf ich stolz sein könne, doch heute ist mir klar, dass es unklug war, nicht auf meinen Körper zu hören. Das Gleiche gilt für dich.

Ich glaube, unser Körper warnt uns oft, wenn etwas in ihm schiefläuft oder wenn wir auf ihn hören müssen. Schmerzen sind eines dieser Warnzeichen. Zunächst flüstern Schmerzen, dass etwas nicht in Ordnung ist, doch wenn wir sie lange genug ignorieren, schreien sie schließlich so laut, dass wir gezwungen sind, ihnen zuzuhören.

Ich spreche mit vielen Menschen, die mir von ihren körperlichen Beschwerden erzählen, doch wenn ich sie frage, ob sie schon einmal beim Arzt waren, verneinen sie es. Manche sagen, sie mögen keine Ärzte oder vertrauen ihnen nicht, und manche geben sogar zu, dass sie Angst vor der Diagnose haben. Alle diese Gründe sind töricht. Probleme verschwinden nicht, nur weil man sie ignoriert.

Ich habe bereits erwähnt, dass ich Brustkrebs hatte, aber keine Chemotherapie oder Bestrahlung brauchte, weil der Tumor sehr klein war, als er entdeckt wurde. Und er wurde entdeckt, weil ich regelmäßig zur Mammografie gehe. Tausende von Frauen schieben die unangenehme Erfahrung regelmäßiger Mammografien vor sich her und finden später heraus, dass sie ein ernstes Problem haben. Es ist immer am besten, im Umgang mit unserer Gesundheit proaktiv zu sein, damit wir später nicht auf eine Gesundheitskrise reagieren müssen.

Zunächst flüstern Schmerzen, dass etwas nicht
in Ordnung ist, doch wenn wir sie lange genug
ignorieren, schreien sie schließlich so laut,
dass wir gezwungen sind, ihnen zuzuhören.

Vielleicht sagst du: »Ich vertraue auf Gott und nicht auf die Ärzte.« Wenn das so ist, verstehe ich das. Auch ich habe das lange gesagt. Doch was wäre, wenn Gott uns die Ärzte als Geschenk gegeben hat? Ich glaube, alle Heilung kommt von Gott. Sie kann durch ein Wunder geschehen, doch sie kann auch durch medizinische Technologie und Expertise kommen, die Gott geschenkt hat, damit sie uns helfen, gesund zu werden.

Ich habe ein Buch von einem bekannten Mann Gottes gelesen, der jahrelang unter Depressionen litt. Schließlich begann er, Medikamente gegen seine Krankheit zu nehmen. Sein Arzt hatte ihn schon lange gebeten, es einmal mit Medikamenten zu probieren, doch er lehnte immer wieder ab, weil er darauf vertraute, dass Gott ihn heilen würde. Die Medikamente halfen ihm sehr und schon nach kurzer Zeit litt er nicht mehr unter Depressionen. Er sagte, er habe gelernt, Gott jeden Morgen zu danken, wenn er seine kleine weiße Pille nehme, und sie als sein Wunder von Gott zu betrachten.

Jesus ist unser Arzt. Ich plädiere immer dafür, bei Gott Hilfe zu suchen, bevor man sie bei jemand anderem sucht, und ihn zu bitten, uns zu heilen und uns so zu führen, dass wir mit unserer Situation weise umgehen. Ich glaube auch, dass alle Heilung von Gott kommt und dass er medizinischen Fachkräften das hervorragende Können schenkt, das sie besitzen. Gott heilt, er tut Wunder und er wirkt durch Ärzte und medizinische Technologie. Wenn du wirklich glaubst, dass Gott nicht will, dass du zum Arzt gehst, solltest du dir sicher sein, dass du es nicht nur vor dir herschiebst und dass deine Weigerung nicht auf Stolz, Sturheit oder Angst vor einer Diagnose beruht, die du nicht willst.

Sei weise

Wenn wir uns um Probleme kümmern, solange sie klein sind, vermeiden wir häufig, uns später mit großen Problemen auseinandersetzen zu müssen. Das zu tun, ist weise. Weisheit ist eines der größten Geschenke, die Gott uns gegeben hat; sie ist der richtige Einsatz von Wissen. Ich sage gern: »Weisheit ist, heute das zu tun, womit du später zufrieden sein wirst.«

Als Dave Mitte oder Ende 40 war, fiel mir auf, dass er kein Abendbrot aß. Als ich ihn darauf ansprach, antwortete er, dass er sich für sein Alter etwas zu schwer fühlte, also reduzierte er seine Mahlzeiten, bis er etwa sieben Kilogramm abgenommen hatte. Ich fand ihn nicht zu schwer oder zu dick, aber er spürte innerlich, dass er sich besser fühlen würde, wenn er nicht so viel Gewicht mit sich herumtragen müsse – und er unternahm etwas. Vor Kurzem erst hörte ich ihn sagen, dass er vorhabe, nicht mehr so schwere Gewichte im Fitnessstudio zu heben, weil er das Gefühl habe, dass die schweren Gewichte, die er bisher gestemmt hat, nicht mehr gut für ihn seien. Er ist ein Mann, der auf seinen Körper hört, und dank dieser Tatsache und Gottes Gnade ist und bleibt er außergewöhnlich gesund.

Vor einigen Jahren begann Dave, sich gelegentlich zittrig oder unruhig zu fühlen, und das gefiel ihm überhaupt nicht. Er ist ein von Frieden motivierter Mensch; deswegen war es für ihn besonders schwierig, sich unruhig zu fühlen. Schließlich wurde ihm klar, dass er sich so fühlte, wenn er Koffein getrunken oder Zucker zu sich genommen hatte. Da es in seiner Familie mehrere Diabetiker gibt, ging er zum Arzt. Dieser konnte jedoch keine Probleme mit dem Blutzucker feststellen. Der Arzt hatte keine Erklärung, warum Zucker Dave Schwierigkeiten bereitete, doch er nahm an, dass Dave aus irgendeinem Grund eine Überempfindlichkeit dagegen entwickelt haben könnte.

Die meisten Menschen, die Koffein trinken, wollen das nicht aufgeben. Die meisten von uns wollen auch nicht auf Süßigkeiten verzichten. Doch nachdem Dave einige Jahre immer wieder die gleichen Symptome hatte, traf er eine Entscheidung. Er sagte: »Es ist die Sache nicht wert, dass ich mich so fühle, also werde ich keine Süßigkeiten mehr essen.« Er verträgt es, hin und wieder etwas Koffein zu konsumieren, doch er meidet allen Zucker. Ich frage mich, wie viele Menschen, die dieses Buch lesen, immer wieder das gleiche Problem haben, sich aber nicht mit der Ursache auseinandersetzen wollen.

Die Weisheit sieht, was zu tun ist, und tut es. Wenn du nicht genug schläfst, ist die Antwort, früher ins Bett zu gehen. Wenn du zu viel Stress in deinem Leben hast, ist die Antwort, einiges aus deinem Terminkalender zu streichen, damit du nicht so beschäftigt bist. Wenn du zu viel Zucker isst, dann fang an, weniger Zucker zu dir zu nehmen. Oft sind die Antworten auf unsere großen Probleme ganz einfach, wenn wir nur tun, was wir tun müssen. Je jünger wir sind, wenn wir anfangen, in unserem Leben Weisheit walten zu lassen, desto besser werden wir uns fühlen, wenn wir älter werden. Wir können nicht einfach unseren Körper schlecht behandeln und erwarten, dass wir uns gut fühlen!

Die Weisheit sieht, was zu tun ist, und tut es.

Das Buch der Sprüche steckt voller Weisheit. Es enthält einfache, praktische Antworten auf alltägliche Probleme. Beispielsweise ist in den Sprüchen häufig von Disziplin die Rede. Wenn wir uns körperlich wohlfühlen wollen, werden wir uns in vielen Bereichen unseres Lebens disziplinieren müssen: bei unserer Ernährung, unseren Schlafgewohnheiten, beim Sport, bei der

Arbeit, unserem Umgang mit Sorgen und Wut und vielem mehr. Bei regelmäßiger Anwendung bringt Disziplin wunderbare Resultate.

Es gibt Krankheiten und andere körperliche Probleme, die wir uns ohne eigenes Verschulden zuziehen können. Wenn wir jedoch etwas tun können, um uns selbst zu helfen, gesund zu bleiben und uns wohlzufühlen, sollten wir das auf jeden Fall tun.

Ich weiß, ich sollte das nicht, aber …

Hörst du dich oder andere sagen: »Ich weiß, ich sollte das nicht tun, aber …« – und sie tun es trotzdem? Dieser Satz offenbart viel, wenn wir genauer darüber nachdenken. Er bedeutet, dass wir wissen, was richtig ist, uns aber trotzdem für das Falsche entscheiden und hoffen, keine negativen Folgen tragen zu müssen.

Die wichtigste Lektion, die ich aus der Beschäftigung mit dem Buch der Sprüche lerne, ist: Alles, was wir tun, hat Auswirkungen. Wenn wir uns für das Gute entscheiden, sind die Folgen gut, und wenn wir eine schlechte Entscheidung treffen, sind die Folgen nicht gut! Im Buch der Sprüche ist immer wieder vom klugen und vom törichten Menschen die Rede und es wird uns gesagt, wie es beiden ergeht. Sie haben die gleichen Wahlmöglichkeiten, doch die Qualität ihres Lebens hängt von den Entscheidungen ab, die sie treffen.

Ein Weiser ist vorsichtig und meidet das Böse; nur der Narr handelt unbeherrscht und sorglos.

Sprüche 14,16

Paulus schreibt in seinem Brief an die Epheser, dass wir sorgfältig darauf achten sollen, wie wir leben. Er legt uns nahe, uns *weise* und nicht *unklug* zu verhalten (vgl. Epheser 5,15-17). Der

Apostel Jakobus mahnt uns: *Wer das Gute kennt und es nicht tut, der macht sich schuldig* (Jakobus 4,17).

Wenn du von Veränderungen weißt, die du vornehmen solltest, um besser für deine Gesundheit zu sorgen, dann ist jetzt der richtige Zeitpunkt zum Handeln. In welchem Lebensjahrzehnt du dich auch befindest – ob du 20 oder 80 bist –, du kannst dir immer noch selbst helfen, indem du weise Entscheidungen triffst. Je früher du gute Entscheidungen triffst, desto weniger Probleme wirst du im Leben haben, doch es ist nie zu spät, damit zu beginnen.

Ehre Gott mit deinem Körper

> *Wisst ihr nicht, dass euer Leib ein Tempel des Heiligen Geistes in euch ist, der in euch lebt und euch von Gott geschenkt wurde? Ihr gehört nicht euch selbst, denn Gott hat einen hohen Preis für euch bezahlt. Deshalb ehrt Gott mit eurem Leib!*
>
> 1. Korinther 6,19-20

Ich glaube, gut für unsere Gesundheit zu sorgen, ist eine Möglichkeit, Gott mit unserem Körper zu ehren. Wir sind der irdische Wohnort von Gottes Geist und wir sollten auf jeden Fall gut für seine Wohnung sorgen.

Wir alle werden älter, aber wir müssen nicht alt im Sinne von eingerostet werden. Wir können wie Mose sein, der, als er mit 120 Jahren starb, immer noch gut sehen konnte und rüstig war (vgl. 5. Mose 34,7). Zu Moses Zeiten lebten die Menschen länger als heute, aber es ist ein gutes Ziel, bis ans Ende des Lebens rüstig sein zu wollen. Wenn du deinem Körper bereits durch schlechte Entscheidungen geschadet hast, kann es lange dauern, bis du deine Gesundheit zurückerlangst, doch du kannst dein Bestes tun, um an Gottes Wiederherstellungsplan für dein Leben mitzuwirken.

Ich freue mich, wenn ich merke, dass ich nach allem, was ich in meinem Leben durchgemacht habe, 78 Jahre jung bin und hier sitze und dieses Buch schreibe, das dir hoffentlich helfen wird, besser für dich zu sorgen, als ich es getan habe. Ich sage immer, mein größtes Zeugnis ist: »Ich bin noch hier.« Heute geht es mir viel besser als vor drei Jahren und ich mache ständig Fortschritte.

Wenn du mich fragen würdest, welche meiner Gewohnheiten mir meiner Meinung nach heute ganz praktisch am meisten helfen, würde ich sagen: Ich nehme mir regelmäßig Zeit zum Ausruhen, esse nicht übermäßig viel, nehme Vitamine, schlafe acht bis neun Stunden pro Nacht (denn das ist die Menge Schlaf, die ich brauche), treibe regelmäßig Sport, sage »Nein«, wenn nötig, trinke viel Wasser, nehme die Medikamente ein, die mein Körper benötigt, und helfe anderen weiterhin. Ich habe Menschen, die ich lieben kann, und einen Sinn im Leben und ich folge immer noch Gottes Traum für mein Leben.

Ich werde oft gefragt, wann ich in den Ruhestand gehen werde oder ob ich Pläne für den Ruhestand habe. Ich kann ehrlich sagen: Die habe ich nicht. Solange Gott mir die Gnade gibt weiterzumachen, spielt mein Alter, glaube ich, für niemanden eine Rolle – und für mich schon gar nicht.

Geistlich stark zu bleiben, ist für unser Wohlbefinden ebenso wichtig, wie körperlich stark zu bleiben. Ich verbringe regelmäßig Zeit mit Gott, studiere täglich sein Wort, liebe ihn mit aller Kraft, die ich habe, und möchte ihm in allem, was ich tue, gefallen. Ich lege großen Wert darauf, Menschen zu lieben, weil ich glaube, dass das unserem Herrn sehr wichtig ist. Außerdem helfe ich sehr gern Menschen, die in Not sind. Das macht mir Freude und die *Freude am Herrn ist unsere Stärke* (vgl. Nehemia 8,10; SLT).

»Mein Vater, der 1913 geboren wurde, sagte mir Folgendes übers Älterwerden: ›Versuche immer, Dinge zu tun, die dich herausfordern, und habe jüngere Menschen in deinem Freundeskreis.‹ Mehr als 100 Jahre später ist das immer noch ein wunderbarer Rat.«

L. M. B.

KAPITEL 14

Es ist nie zu spät, etwas Großes zu tun

Man ist nie zu alt, um sich ein neues Ziel zu setzen oder einen neuen Traum zu träumen.

C. S. Lewis

Ein Gedanke, der uns mehr als alles andere niederschmettern kann, ist, dass wir zu alt sind, um etwas Neues anzufangen. Anstatt zu denken: »Ich bin zu alt, um jetzt damit zu beginnen«, kannst du denken: »Jetzt, da ich mehr Zeit habe, kann ich endlich das tun, was ich schon immer tun wollte.«

Ich gründete *Joyce Meyer Ministries* im Alter von 42 Jahren und begann mit meiner Fernsehsendung, als ich bereits 50 Jahre alt war. Ich habe nie gedacht, dass ich zu alt bin, also war ich es auch nicht. Es gibt viele Menschen, die in ihren späteren Jahren Großes taten.

Vera Wang, die berühmte Designerin, begann im Alter von sieben Jahren als Eiskunstläuferin und träumte davon, es ins olympische Team zu schaffen. Als Jugendliche erkannte sie, dass sie nicht in der Lage sein würde, das für eine Olympiasiegerin erforderliche Erfolgsniveau zu erreichen. Ich glaube, man braucht viel Mut, um etwas hinter sich zu lassen und offen für neue Erfahrungen zu sein. Sie beschloss, beruflich in die Modebranche zu wechseln, und studierte in Paris. Während sie als Verkäuferin bei *Yves Saint Laurent* arbeitete, lernte sie die Moderedakteurin der Zeitschrift *Vogue* kennen, bekam ein Jobangebot und arbeitete fast 20 Jahre bei der *Vogue*. Später wurde sie Chefdesignerin bei *Ralph Lauren,* eröffnete dann ein Geschäft für Brautmoden und gründete schließlich ihr eigenes Unternehmen. Sie ist äußerst erfolgreich.

Es ist wichtig, zu akzeptieren, wenn wir etwas nicht können, so wie Vera Wang es getan hat. Andernfalls könnte es sein, dass wir unser Leben lang etwas mittelmäßig tun, statt herauszufinden, was wir ausgezeichnet können. Vera Wang sagt rückblickend, dass jede Veränderung sehr schmerzhaft war, doch weil sie nicht das Gefühl hatte, den Höhepunkt ihrer Karriere erreicht zu haben, suchte sie weiter nach ihrer Bestimmung. Sie begriff, dass es schlimmer sei, es nicht zu versuchen, als zu scheitern.

Sehr oft schenkt uns der Weg, den wir gehen, die Erfahrung, die wir für das brauchen, was wir schließlich aus unserem Leben machen. Bevor Gott mich damit beauftragte, die Bibel zu lehren, war ich Kellnerin, Buchhalterin, Büroleiterin, Kreditsachbearbeiterin und Hausfrau und Mutter.

Der Weg, den wir gehen, schenkt uns sehr oft die Erfahrung, die wir für das brauchen, was wir schließlich aus unserem Leben machen.

Vielleicht gibt es in deinem Herzen schon immer etwas, das du gerne tun möchtest, doch du bist das Risiko nie eingegangen. Oder Gott hält etwas für dich bereit, das eine totale Überraschung sein könnte – so wie es bei mir der Fall war. Wie auch immer: Du solltest nie Angst haben, dass es zu spät sein könnte, etwas Großes zu tun.

Gleichzeitig möchte ich dich ermutigen, nicht das Gefühl zu haben, später im Leben etwas Großes tun zu *müssen*. Wenn du ausruhen, reisen und das Leben genießen willst, ist das auch in Ordnung. Der springende Punkt ist für mich, dass dein Lebensalter nicht der ausschlaggebende Faktor bei deiner Entscheidungsfindung sein sollte. Wenn ich neue Ideen habe, ertappe ich mich manchmal bei dem Gedanken: »Es ist ein bisschen zu spät in meinem Leben, um noch etwas Großes auf die Beine zu stellen.« Doch dann erinnere ich mich an Kaleb, der Gott im Alter von 85 Jahren bat, ihm ein ganzes Bergland zu geben (vgl. Josua 14,10-15).

Manche glauben, Ray Kroc, der Gründer der *McDonald's*-Restaurants, sei ein Senkrechtstarter gewesen, doch er sagt, sein Erfolg habe 30 Jahre Vorarbeit gekostet. Er gründete *McDonald's,* als er 52 Jahre alt war. Davor hatte er 30 Jahre lang als Krankenwagenfahrer, Pianist und Verkäufer für Pappbecher und für Multimixer gearbeitet. Im Rahmen seiner Dienstreisen hatte er ein Restaurant in San Bernardino (Kalifornien) besucht, das mehrere Multimixer von ihm gekauft hatte. Auf dieser Reise lernte er die Brüder McDonald kennen, die ein erfolgreiches kleines Restaurant hatten. Auf der begrenzten Speisekarte standen Hamburger, Pommes frites und Getränke. Im Jahr 1955 kaufte Ray Kroc die Rechte am Namen *McDonald's* und bis 1958 hatte *McDonald's* bereits seinen hundertmillionsten Hamburger verkauft.

Colonel Sanders, Gründer der berühmten Restaurantkette *Kentucky Fried Chicken*, tat ebenfalls in fortgeschrittenem Alter etwas Bemerkenswertes. Hier ist seine Geschichte, wie sie auf www.biography.com erzählt wird:

> Harland David Sanders wurde am 9. September 1890 in Henryville (Indiana) geboren. Nachdem sein Vater gestorben war, als Harland sechs Jahre alt war, kam dem Jungen die Aufgabe zu, seine beiden jüngeren Geschwister mit Essen zu versorgen und sich um sie zu kümmern. Schon früh begann er zu arbeiten und übte zahlreiche Berufe aus, unter anderem als Bauer, Straßenbahnfahrer, Feuerwehrmann bei der Eisenbahn und Versicherungsvertreter.
>
> Mit 40 Jahren betrieb Sanders eine Tankstelle in Kentucky, wo er auch hungrige Reisende verpflegte. Schließlich verlegte er dieses Geschäft in ein Restaurant auf der anderen Straßenseite und verkaufte dort Brathähnchen, die so bemer-

kenswert waren, dass er 1935 vom Gouverneur von Kentucky, Ruby Laffoon, zum »Colonel« ernannt wurde.

Im Jahr 1952 begann Sanders mit dem Franchising seines Brathähnchen-Geschäfts. Seine erste Filiale verkaufte er an Pete Harman, der ein Restaurant in Salt Lake City (Utah) führte, wo »Kentucky Fried Chicken« den Reiz einer regionalen Südstaaten-Spezialität hatte. Als eine neue Autobahn den Zulauf zu Sanders' eigenem Restaurant schmälerte, verkaufte er es 1955. Dann (im Alter von 65 Jahren) fing er an, durch die USA zu reisen, in Restaurants überall sein Brathähnchen zuzubereiten und Verträge mit den Restaurants auszuhandeln, die ihm fünf Cent für jedes verkaufte Hähnchen zahlten. Im Jahr 1964, mit über 600 Franchise-Filialen, verkaufte er seine Anteile an der Firma für zwei Millionen Dollar an eine Investorengruppe.

Die berühmte Köchin Julia Child war 49 Jahre alt, als sie und zwei andere Frauen das Buch *Französisch kochen* veröffentlichten, das den Anfang ihrer Karriere darstellte.

Susan Boyle, die verblüffende Sängerin, wurde im Alter von 47 Jahren bei der Fernsehshow *Britain's Got Talent* entdeckt. Sie war eine arbeitslose Sozialhelferin, die mit ihrer Katze Pebbles allein lebte und noch nie geküsst worden war. Als sie für ihren Auftritt die Bühne betrat, dachte niemand, dass sie gut singen könnte – so, wie sie aussah und sich benahm. Doch sie schockte alle, als sie den Mund aufmachte und ihre wunderbare Stimme ertönte. Zehn Jahre später hatte sie Millionen von Alben verkauft und zwei Grammys gewonnen.

Auch du kannst Menschen überraschen, wenn du dich nicht scheust, Neues auszuprobieren!

Lass dein Schicksal nicht von anderen bestimmen

Fred Astaire war ein gefeierter US-amerikanischer Tänzer, Sänger, Schauspieler, Choreograf und Fernsehmoderator, dessen Karriere 67 Jahre umfasste. Bei seinem allerersten Vorsingen sagte man ihm, er könne nicht singen, habe schütter werdendes Haar und könne *ein bisschen* tanzen. Die Weltgeschichte ist voller solcher Lebensgeschichten – Lebensgeschichten von Menschen, die anderen unbedeutend erschienen, am Ende aber alle überraschten, weil sie nicht aufhörten, es zu versuchen.

Wie vielen anderen sagte man auch mir, ich könne keine erfolgreiche christliche Arbeit tun. Die Schwarzmaler meinten, ich hätte nicht die nötige Ausbildung, Frauen gehörten nicht in den geistlichen Dienst und ich hätte nicht die richtige Persönlichkeit. Sie hatten recht. Aber ich hatte Gott und bei Gott ist alles möglich! Heute, 45 Jahre nach diesen Untergangsvorhersagen, bin ich immer noch erfolgreich für Gott unterwegs.

Gott erwählt und gebraucht, was in den Augen der Welt gering ist, um diejenigen zu beschämen, die sich für klug halten. Oft nimmt er, was die Welt als nutzlos verwerfen würde, und gebraucht es zu seiner Ehre (vgl. 1. Korinther 1,27-31). Ganz gleich, wie sehr du vielleicht in der Vergangenheit versagt hast, Gott kann die Bruchstücke deines Lebens nehmen und sie so anordnen, dass etwas Erstaunliches daraus wird.

Wenn wir das, was wir tun oder nicht tun, von dem bestimmen lassen, was andere über uns denken und sagen, werden die meisten von uns nicht viel tun.

Wenn wir das, was wir tun oder nicht tun, von dem bestimmen lassen, was andere über uns denken und sagen, werden die meisten von uns nicht viel tun. Es gibt immer Menschen, die daran zweifeln, dass wir es jemals zu etwas bringen werden, doch *wenn Gott für uns ist, wer kann da noch gegen uns sein?* (Römer 8,31) oder uns daran hindern, erfolgreich zu sein?

Etwas Großes zu tun, bedeutet nicht, dass du es auf einem Podium oder einer Bühne tun musst. Die Frau meines Sohnes ist eine erstaunliche Frau, deren Lebenstraum es war, Ehefrau und Mutter zu sein. Die beiden haben vier Söhne unter elf Jahren. Sie unterrichtet sie zu Hause und ist eine wunderbare Mutter und eine wunderbare Ehefrau. Für mich ist sie erstaunlich und wer weiß – vielleicht erziehen sie und mein Sohn einen zukünftigen Präsidenten, einen Ski-Olympiasieger oder vier großartige Männer Gottes.

Ich finde alle meine Kinder großartig, wie du sicherlich auch, wenn du Kinder hast. Doch noch wichtiger ist, dass Gott jeden von uns großartig findet. Jung oder alt, gebildet oder nicht, reich oder arm – Gott hat große Pläne für uns alle.

> *Aber es ist passiert, wie es in der Schrift heißt: »Kein Auge hat je gesehen, kein Ohr je gehört und kein Verstand je erdacht, was Gott für diejenigen bereithält, die ihn lieben.«*
>
> 1. Korinther 2,9

Gott hat Pläne für dein Leben, die du dir nicht einmal vorstellen kannst, doch du musst glauben, dass bei ihm *alles möglich* ist (vgl. Matthäus 19,26). Du musst nicht besonders talentiert sein; du musst einfach nur Gott lieben. Er wird dich leiten und befähigen, in deinen späteren Jahren Dinge zu tun, die andere nicht einmal in ihrer Jugend tun konnten.

Sage nie: »Es gibt keinen Weg!«

Wir haben die Angewohnheit, das, was wir können oder nicht können, durch die Begrenzungen unseres Denkens bestimmen zu lassen. Wenn wir jedoch mit unserer menschlichen Kraft am

Ende sind, übernimmt Gott. Ich gebe zu, dass ich im Alter von 78 Jahren nicht mehr so viel natürliche Energie und Ausdauer habe wie früher. Ich musste das Tempo drosseln und natürlich tue ich nicht mehr so viel wie früher. Aber Gott zeigt mir Wege, wie ich mit weniger Anstrengung mehr erreichen kann. So ist das, wenn er jemanden segnet.

An jedem Tag meines Lebens befolge ich denselben Rat, den ich dir in diesem Buch gebe. Ich erlaube mir nicht, im Bett zu liegen und mich nur deshalb vor dem Aufstehen zu fürchten, weil ich weiß, dass etwas in meinem Körper womöglich wehtut. Ich weigere mich, Zeit damit zu verschwenden, von den »guten alten Zeiten« zu träumen. Stattdessen mache ich das Beste aus den guten Tagen, die ich noch habe. Ich tue mein Bestes, um auf mich zu achten, indem ich Sport treibe, mich gesund ernähre (jedenfalls meistens), mich richtig ausruhe und mir keine Sorgen mache oder zulasse, dass andere negative Gefühle mir die Energie rauben, die ich zum Leben brauche.

Wenn ich mit einer Herausforderung konfrontiert werde und mich selbst denken höre: »Das kann ich unmöglich schaffen. Es gibt keinen Weg«, erinnere ich mich daran, dass es bei Gott immer einen Weg gibt, denn er ist *»der Weg«* (vgl. Johannes 14,6). Wenn ich sage, dass ich etwas nicht kann, dann nur deshalb, weil ich weiß, dass Gott es nicht will. Andernfalls setze ich weiter einen Fuß vor den anderen und staune immer wieder über das, was Gott täglich tut.

Angenommen wir wissen nicht, welchen Weg wir in einer bestimmten Situation einschlagen sollen, dann kann Gott uns einen neuen Weg zeigen – vielleicht einen Weg, auf den noch niemand gekommen ist. Unser Anteil daran, Gottes wunderbare Kraft in Aktion zu sehen, besteht darin, nicht aufzugeben.

Im Lukasevangelium lesen wir die Geschichte eines Mannes, der zu krank zum Laufen war; deshalb brachten ihn einige Freunde auf einer Matte zu Jesus. Sie erreichten das Haus, in dem Jesus sich aufhielt, doch wegen der riesigen Menschenmenge fanden sie *keinen Weg* hinein. Anstatt aufzugeben und wieder nach Hause zu gehen, stiegen sie aufs Dach, nahmen ein paar Ziegel weg und ließen den Mann auf seiner Matte hinunter, mitten in die Menschenmenge und direkt vor Jesus (vgl. Lukas 5,17-19). Als Jesus ihren Glauben sah, sagte er: *»Sohn, deine Sünden sind dir vergeben«*, und heilte den Mann (Lukas 5,20.24-25). Gott lässt sich von unserem Glauben bewegen, nicht von unserem Zweifel, unserer Ängstlichkeit, unserer Furcht und unserem Unglauben.

Eine meiner Lieblingsgeschichten aus der Bibel handelt von einem reichen Steuereintreiber namens Zachäus. Als er hörte, dass Jesus in seine Stadt kam, wollte er ihn sehen. Doch Zachäus war ein klein gewachsener Mann, der nicht über die Menschenmenge hinwegblicken konnte. Anstatt zu sagen: »Es gibt keinen Weg!«, und aufzugeben, suchte er nach einem Weg. Er rannte der Menschenmenge voraus und kletterte auf einen Baum, damit er Jesus sehen konnte. Und nicht nur dass er Jesus sah – sondern Jesus sah auch ihn. Als Jesus sich dem Baum näherte, schaute er hoch und forderte Zachäus auf, herunterzusteigen, denn er wollte an jenem Tag in seinem Haus zu Gast sein (vgl. Lukas 19,1-6).

Diese Geschichte ist erstaunlich, denn Steuereintreiber waren zu neutestamentlicher Zeit niederträchtige Menschen. Sie wurden nicht nur deshalb gehasst, weil sie die Steuern eintrieben, sondern auch, weil sie häufig »Steueraufschläge« berechneten, um einen Teil des Geldes für sich zu behalten. Jesus beurteilte Zachäus nicht nach seiner Sünde, sondern sah seinen Glauben. Die Menschen murrten, weil Jesus in das Haus eines Sünders ging. Doch sie kannten nicht die ganze Geschichte, was häufig der Fall ist, wenn wir über andere urteilen. Zachäus sagte zu Jesus, er sei bereit, die Hälfte seines Besitzes den Armen zu geben, und falls er jemanden betrogen haben sollte, wolle er ihm das Vierfache zurückerstatten (vgl. Lukas 19,7-8). Jesus antwortete:

»Heute hat dieses Haus Rettung erfahren, denn auch dieser Mann ist Abrahams Sohn. Der Menschensohn ist nämlich gekommen, um Verlorene zu suchen und zu retten.«

Lukas 19,9-10

In einem anderen Bericht in den Evangelien hörte der blinde Bartimäus, dass Jesus in seiner Nähe vorbeiging, und begann zu schreien: *»Jesus, Sohn Davids, hab Erbarmen mit mir!«* Die Leute sagten ihm, er solle still sein, *aber er schrie nur noch lauter* (vgl. Markus 10,46-48). Herrlich, was als Nächstes geschah: Die Bibel erzählt, dass Jesus stehen blieb! Er rief Bartimäus zu sich und heilte ihn (vgl. Markus 10,49-52). Alle anderen versuchten, Bartimäus aufzuhalten, doch er ignorierte sie und kämpfte sich bis zu seinem Wunder durch. Wir können wie Bartimäus sein und uns weigern, zu denken, dass es keinen Weg gibt, ganz gleich, was uns begegnet.

Wie geht es dir bei Widerständen?

Wir alle stoßen im Leben auf Widerstände, genau wie Bartimäus. Wir wissen nie, wann sie kommen. So wie Stürme nicht immer in der Wettervorhersage angekündigt werden, erhalten wir auch für Widerstände nicht immer eine Vorwarnung. Darf ich dich fragen: Schwächen Widerstände deine Entschlossenheit und entmutigen oder deprimieren dich sogar – oder machen sie dich umso entschlossener, weiter unermüdlich voranzugehen?

Mit zunehmendem Alter stoßen wir auf unterschiedliche Arten von Widerständen. Es kann sein, dass du jetzt schneller zunimmst oder mehr Zeit brauchst, um dich von körperlichen Aktivitäten zu erholen, als noch vor einigen Jahren. Es könnte sein, dass dein Körper einfach nicht mehr so gut mit dir kooperiert wie früher, und du musst entweder etwas an dem ändern, was du tust, oder entschlossener sein als je zuvor, nicht aufzugeben. Widerstände können sich im Verlust von geliebten Menschen zeigen oder in Veränderungen an deiner finanziellen Situation, doch ich kann dir versichern, dass zu verschiedenen Zeiten des Lebens Widerstände in den unterschiedlichsten Formen auftauchen werden.

So wie Stürme nicht immer in der Wettervorhersage angekündigt werden, erhalten wir auch für Widerstände nicht immer eine Vorwarnung.

Paulus sagte, dass, als sich eine Tür der Gelegenheit weit öffnete, viele Widerstände damit einhergingen (vgl. 1. Korinther 16,9). Er schien ständig Gegenwind zu erleben, doch er weigerte sich, aufzugeben.

Es ist wichtig für uns, Paulus' Beispiel zu folgen und einen standhaften Geist zu haben. Werde nicht müde, Gutes zu tun, denn wenn du nicht aufgibst, wirst du zu gegebener Zeit eine reiche Ernte einbringen (vgl. Galater 6,9). Gott sorgt immer für einen Ausweg aus deiner Situation oder er schenkt dir besonders viel Kraft (Gnade), um sie würdevoll zu ertragen.

Dein Leben wird vielleicht nicht so verlaufen, wie du es erwartet hast, aber es kann trotzdem gut sein, wenn du es fröhlich annimmst. Nicht jeder Tag wird perfekt sein, doch mit der richtigen Einstellung kannst du mit allem würdevoll umgehen, was auch kommt. Du kannst mit Würde älter werden und dabei dein Leben genießen!

Zum Schluss …

Gut für dich selbst zu sorgen, wird Disziplin, Glauben und eine Investition deiner Zeit erfordern. Ich möchte dir nahelegen, ein Investor und kein Spieler zu sein. Investoren tun jetzt das Richtige in der Hoffnung auf zukünftige Vorteile, doch Spieler tun das Falsche und hoffen, dass es keine Probleme verursacht.

Bete und arbeite mit Gott im Hinblick auf deine Gesundheit zusammen. Lass dich vom Heiligen Geist sowohl in den praktischen als auch in den geistlichen Aspekten deines Lebens leiten. Du bist für Gott und für die Mitarbeit am Aufbau seines Königreichs sehr wichtig. Ich möchte dich ermutigen, immer wieder über seine Verheißung in Jesaja 46,4 nachzudenken: *»Ich will euer ganzes Leben lang euer Gott sein – ich werde euch tragen, bis euer Haar vom Alter ergraut. Ich habe es getan und ich werde euch weiterhin tragen. Ich werde euch auf meine Schulter laden und euch retten.«*

Vergiss nicht dich auszuruhen. Geh freundlich mit dir um und habe nicht das Gefühl, dass du lebst, um alle anderen auf dem Planeten bei Laune zu halten, während du deine eigenen Bedürfnisse ignorierst. Lass nicht zu, dass irgendetwas, das du besitzt, oder deine Karriere wichtiger wird, als es sein sollte. Räume Gott immer den ersten Platz ein.

Geh freundlich mit dir um.

Ich befehle dich der Gnade unseres Herrn Jesus Christus an in der Hoffnung, dass du ein erfülltes, gesundes und fruchtbares Leben führen wirst!

Hast du eine Beziehung zu Gott?

Gott liebt dich! Er hat dich als eine besondere, einzigartige, einmalige Person erschaffen und er hat einen guten Plan für dein Leben. Durch eine persönliche Beziehung zu deinem Schöpfer – zu Gott – kannst du ein Leben entdecken, das deine Seele wahrhaftig zufrieden machen wird.

Ganz gleich, wer du bist, was du getan hast, wo du gerade in deinem Leben stehst: Gottes Liebe und Gnade sind größer als deine Sünde, deine Fehler. Jesus hat sein Leben bereitwillig gegeben, damit du Vergebung von Gott und ein neues Leben durch ihn empfangen kannst. Er wartet nur darauf, dass du ihn einlädst, dein Retter und Herr zu sein.

Wenn du bereit bist, dein Leben Jesus ganz anzuvertrauen und ihm zu folgen, musst du nichts weiter tun, als ihn zu bitten, dass er dir deine Sünden vergibt und dir einen Neustart schenkt, um das Leben zu führen, zu dem du erschaffen bist. Am Anfang kann das folgende Gebet stehen:

Jesus, danke, dass du dein Leben für mich gegeben hast und mir meine Sünden vergibst, sodass ich eine persönliche Beziehung zu dir haben kann. Die Fehler, die ich gemacht habe, tun mir von Herzen leid und ich weiß, dass ich dich und deine Hilfe brauche, um richtig leben zu können.

Dein Wort sagt in Römer 10,9: »Wenn du mit deinem Mund bekennst, dass Jesus der Herr ist, und wenn du in deinem Herzen glaubst, dass Gott ihn von den Toten auferweckt hat, wirst du gerettet werden.« Ich glaube, dass du der Sohn Gottes bist, und bekenne dich als meinen Retter und Herrn. Bitte nimm mich an, so wie ich bin, und wirke in meinem Herzen. Mach mich zu dem Menschen, der ich nach deinem Willen sein soll.

Ich möchte für dich leben, Jesus, und ich bin so dankbar, dass du mir heute einen Neuanfang für ein Leben mit dir schenkst.

Ich liebe dich, Jesus!

Es ist wunderbar zu wissen, dass Gott uns so sehr liebt! Er wünscht sich eine tiefe persönliche Beziehung zu uns, die jeden Tag wächst, während wir durch Gebet und Bibelstudium Zeit mit ihm verbringen. Wir möchten dich in deinem neuen Leben mit Jesus Christus ermutigen.

Auf unserer Website *joyce-meyer.de* gibt es auch andere Materialien, die dir helfen können, Fortschritte auf deiner Entdeckungsreise hin zu allem zu machen, was Gott für dich bereithält. Außerdem empfehlen wir dir, an einem Glaubensgrundkurs teilzunehmen, z. B. an einem *Alpha-Kurs*. Unter *alphakurs.de* findest du sicher ein Treffen in deiner Nähe.

Herzlichen Glückwunsch zu deinem Neustart – deinem Leben mit Jesus Christus! Wir hoffen, bald von dir zu hören.

Joyce Meyer

Joyce Meyer ist eine der weltweit bekanntesten Bibellehrerinnen. Als Bestsellerautorin hat sie mehr als 125 wegweisende Bücher geschrieben, unter anderem „Gib niemals auf", „Powergedanken" sowie „Das Schlachtfeld der Gedanken". Die meisten ihrer Bücher wurden in mehr als 150 Sprachen übersetzt. Darüber hinaus hat sie Tausende von Lehrvorträgen auf CD und DVD herausgegeben. Die Radio- und Fernsehprogramme *Enjoying Everyday Life (Das Leben genießen)* werden weltweit ausgestrahlt. Joyce und ihr Mann Dave haben vier erwachsene Kinder und leben in St. Louis, Missouri, USA.

Über Joyce Meyer Ministries (JMM)

Hand of Hope – der christliche Hilfsdienst von Joyce Meyer

Joyce und Dave Meyers zentrales Anliegen ist es, armen und verletzten Menschen in der ganzen Welt zu helfen. Es geht darum, nicht nur zu reden, sondern auch konkret zu handeln. Darum bringt Joyce Meyer Ministries (JMM) humanitäre Hilfe in verschiedene Krisenregionen der Welt. Dies geschieht mit neun internationalen Büros und in Zusammenarbeit mit über 35 weltweit tätigen Missionsgesellschaften.

Auf diese Weise werden über 29 Millionen Mahlzeiten pro Jahr in den Hungerregionen der Welt ausgegeben, weltweit mehrere Waisenheime in armen Ländern unterhalten, Dörfer mit sauberem Trinkwasser versorgt und Tausende von Gefängnisinsassen unterstützt. Außerdem gründet und fördert JMM Gemeinden in Ländern, wo Christen unter Verfolgung leiden, bietet medizinische Hilfe und hilft alten wie jungen Menschen in den „Gettos" von Großstädten, wie mit dem Dream Center in St. Louis. Mehr Infos unter **joyce-meyer.de/hand**

TV und Radio

Die *Enjoying Everyday Life (Das Leben genießen)*-Sendungen in Radio und Fernsehen erreichen täglich Hunderttausende weltweit. Im September 1993 konnte das Programm wöchentlich auf zwei Kanälen empfangen werden. Heute wird *Enjoying Everyday Life* täglich und wöchentlich von über 1000 TV- und Radiosendern weltweit ausgestrahlt. Das Programm wird mittlerweile in 100 Sprachen übersetzt und kann sogar in der arabischen Welt empfangen werden.

Internet

Unter **joyce-meyer.de** können Sie die Sendung *Das Leben genießen* rund um die Uhr sehen. Außerdem erhalten Sie dort aktuelle Informationen, können Bücher, eBooks und Geschenkartikel bestellen, sich kostenfrei zur täglichen Andacht anmelden oder Kontakt zu uns aufnehmen.

Vorträge von Joyce Meyer in anderen Sprachen finden Sie unter **tv.joycemeyer.org**

Werden Sie Follower von Joyce Meyer auf Instagram! Lassen Sie sich täglich von ihr ermutigen und auf dem Laufenden halten: **instagram.com/joycemeyergermany**
Oder sehen Sie die TV-Sendungen online auf **youtube.com/joycemeyergermany**

Konferenzen

Konferenzen quer durch die USA sind nach wie vor Joyce Meyers Leidenschaft. Die Menschen kommen in Scharen und Joyce predigt das Wort Gottes und gibt praktische Lebenshilfe in der ihr eigenen direkten und humorvollen Art. Gleichzeitig werden diese Konferenzen für Fernsehsendungen aufgezeichnet.

Joyce Meyers persönliches Geschenk an Sie

Als Leser dieses Buches können Sie jetzt ein kostenloses Geschenk von Joyce Meyer erhalten. Einfach diesen Gutschein-Code [BK0522] mit Ihrer Anschrift versehen und an

Joyce Meyer Ministries Deutschland
Postfach 76 10 01
22060 Hamburg

Joyce Meyer Ministries Schweiz
Bernstrasse 133
3627 Heimberg

schicken oder ins Internet gehen unter **joyce-meyer.de/geschenk**
Dort Adresse und Gutschein-Code eingeben und abschicken.
Sie können uns auch gerne anrufen:

Zuschauer- und Bestellservice:
Deutschland: 040 88 88 4 11 11
Schweiz: 0848 88 00 11

Das Geschenk wird vierteljährlich verschickt. Wir bitten deshalb um etwas Geduld.

Weitere Bücher & Artikel von Joyce Meyer

Themenwelt: Persönlichkeit stärken

Tu es trotz deiner Angst
Mutig und erfüllt leben, auch wenn du dich fürchtest
312 Seiten, Paperback, auch als **eBook** erhältlich
ISBN 978-3-948795-06-1
EUR 14,90 | CHF 19.90
Hält Angst Sie immer wieder davon ab, Ihr bestes Leben zu leben? Das muss nicht so sein. Sie können Ihre Ängste überwinden und Gottes guten Plan für jeden Bereich Ihres Lebens entdecken. Wie? Indem Sie mutig sind. Denn Mut bedeutet nicht, keine Angst zu verspüren, sondern sich von ihr nicht zurückhalten zu lassen. Lernen Sie in diesem Buch, Ihre Ängste zu verstehen, sich ihnen zu stellen und Ihre Denk- und Handlungsweise zu verändern.

Gib niemals auf – Sei fest entschlossen, die Herausforderungen des Lebens zu meistern
304 Seiten, Paperback, auch als **eBook** erhältlich
ISBN 978-3-945678-16-9
EUR 13,– | CHF 18.30
Jeder hat schon einmal versagt oder ist an einer Sache gescheitert. Wichtig ist, in diesen Momenten nicht aufzugeben, sondern die eigenen Träume und Ziele mutig weiterzuverfolgen. In diesem Buch verbindet Joyce Meyer inspirierende und verblüffende Geschichten von unterschiedlichen Menschen mit ganz praktischer Lebenshilfe und Anleitung, wie Hindernisse überwunden werden können. Ein absoluter Mutmacher, der herausfordert, aufzustehen und sich nicht unterkriegen zu lassen!

Nur Mut! Lebe leidenschaftlich und zielgerichtet
368 Seiten, Paperback, auch als **eBook** erhältlich
ISBN 978-3-939627-25-8
EUR 16,50 | CHF 23.–
Leidenschaft oder Langeweile – Sie haben die Wahl! Um jeden Morgen motiviert aufzustehen, ist es wichtig, Ziele zu haben und die von Gott gegebene Bestimmung für unser Leben zu erkennen. Gleichzeitig brauchen wir ein Herz voller Leidenschaft. In diesem Buch fordert Joyce Meyer Sie heraus, diese Dinge zu entwickeln und unproduktive Haltungen zu überwinden. Jedes Kapitel enthält außerdem praktische Tipps zur konkreten Umsetzung. Wagen Sie es!

Über den Gefühlen stehen
Wie Sie emotional nicht baden gehen
Nur als **eBook** erhältlich, entspricht 288 Druckseiten
ISBN 978-3-939627-65-4
EUR 9,– | CHF 12.50
Gefühle können sehr stark sein und unsere Aufmerksamkeit fordern. Dennoch sollten wir uns nicht von ihnen kontrollieren lassen. Joyce Meyer beschreibt, welche Gefühlsskala Menschen durchlaufen. Sie verbindet die Weisheit der Bibel mit psychologischen Erkenntnissen und gibt dem Leser Werkzeuge an die Hand, auf produktive Weise mit den eigenen Emotionen umzugehen.

Gottes Plan für dich
Entdecke die Möglichkeiten
132 Seiten, Hardcover
ISBN 978-3-945678-56-5
EUR 16,– | CHF 22.50
Viele Menschen erleben kein erfülltes Leben, weil sie sich ständig vergleichen und versuchen, jemand anderes zu sein. Ihnen ruft Joyce Meyer zu: Sei du selbst! Entwickle dein Potenzial! Mit einem Schlüsselgedanken pro Seite, untermauert mit dem Wort Gottes, führt dieses Buch den Leser durch Schritte wie Selbstannahme, Heilung und Vertrauen. Kurz wie ein Andachtsbuch, mit tiefen Einsichten und erfrischend einfach für jeden Tag.

„Stark und mutig"-Aufstellbuch
Unsere „Stark und mutig"-Produkte – zum Verschenken oder Sich-selbst-Beschenken!
Abwechselnd 26 Bibelzitate & 26 Impulse von Joyce
Insgesamt 52 Seiten | Art.-Nr. 446781032
EUR 12,– | CHF 16.80

„Stark und mutig"-Postkarten-Set
18 verschiedene Postkartenmotive
Art.-Nr. 446781033
EUR 10,– | CHF 14.–

Bestellservice: D: **040 888841111** CH: **0848 880011** oder unter **joyce-meyer.de/shop**

Themenwelt: Gott begegnen

Die Bibel mit Impulsen von Joyce Meyer
Lesen. Glauben. Leben. (Neues Leben Übersetzung)
1.850 Seiten plus 16 Seiten farbiges Kartenmaterial
ISBN 978-3-945678-22-0
EUR 39,99 | CHF 61.60
Joyce Meyer erklärt in dieser besonderen Bibelausgabe Zusammenhänge, kommentiert einzelne Kapitel und Verse und erzählt, was sie ihr persönlich bedeuten. Tauchen Sie ein in Gottes Wort und lassen Sie sich davon ganz neu bewegen!

Die Bibel mit Impulsen von Joyce Meyer
Kunstlederausgabe
1.952 Seiten inkl. 16 Seiten farbiges Kartenmaterial
flexibler Softumschlag aus Kunstleder
ISBN 978-3-945678-38-1
EUR 49,99 | CHF 72.–
Diese besondere Bibelausgabe mit Impulsen, Kommentaren, persönlichen Gedanken und Gebeten von Joyce Meyer gibt es auch im hochwertigen Kunstledereinband. Eine rundum gelungene Geschenkidee!

Die Bibel mit Impulsen von Joyce Meyer
Lederausgabe
1.952 Seiten inkl. 16 Seiten farbiges Kartenmaterial
flexibler Softumschlag aus Leder
ISBN 978-3-948795-00-9
EUR 79,99 | CHF 109.–
Diese besondere Bibelausgabe mit Impulsen, Kommentaren, persönlichen Gedanken und Gebeten von Joyce Meyer gibt es auch im hochwertigen Ledereinband. Die Anmerkungen und Gebetsanregungen helfen dabei, die Aussagen der Bibel besser zu verstehen und auf den Alltag anwenden zu können. Mit dem Text der Neues Leben Bibel.

Bibeln & Bibelkommentare

Epheserbrief
Ein praktischer Bibelkommentar
176 Seiten, Paperback, auch als **eBook** erhältlich
ISBN 978-3-945678-46-6
EUR 9,90 | CHF 13.90
Der Epheserbrief ist ein sehr beliebtes Buch der Bibel, das einige der wichtigsten Lektionen des Glaubens enthält. Es beschäftigt sich damit, wer wir durch Jesus Christus sind und wie sich diese Wahrheiten auf uns und unser Verhalten auswirken sollten. Entdecken Sie bei diesem Bibelstudium, wie sehr Gott Sie liebt. Das wird Sie positiv verändern und auch in Ihrem Leben sichtbar werden.

Kolosserbrief
Ein praktischer Bibelkommentar
208 Seiten, Paperback, auch als **eBook** erhältlich
ISBN 978-3-948795-10-8
EUR 9,90 | CHF 13.90
Was bedeutet es, Jesus in allen Bereichen unseres Lebens die höchste Priorität einzuräumen? Und warum ist das überhaupt so wichtig? Um diese zentralen Fragen geht es im Kolosserbrief. Kapitel für Kapitel setzt sich Joyce Meyer mit diesem Brief von Paulus auseinander, arbeitet Kerngedanken heraus und lässt Raum zur persönlichen Reflexion. Entdecken Sie unter anderem, wer wir durch Jesus sind und wie wir unsere geistliche Kleidung anlegen können.

Jakobusbrief
Ein praktischer Bibelkommentar
154 Seiten, Paperback, auch als **eBook** erhältlich
ISBN 978-3-945678-45-9
EUR 9,90 | CHF 13.90
Wie kann das Leben als Christ im Alltag gelingen? Mit dieser Frage beschäftigt sich der Jakobusbrief. Es werden darin eine Vielzahl von Themen beleuchtet, die sowohl den Glauben stärken als auch helfen, ihn auf praktische Weise umzusetzen. Entdecken Sie neu die lebensverändernde Kraft des Wortes Gottes und lernen Sie, Glaubensschritte im Alltag zu gehen.

Bestellservice: D: **040 888841111** CH: **0848 880011** oder unter **joyce-meyer.de/shop**

Themenwelt: Gott begegnen

Du bist wunderbar gemacht – 365 Andachten für Frauen, die ihren Selbstwert neu entdecken wollen
428 Seiten, Smartcover, auch als **eBook** erhältlich
ISBN 978-3-948795-12-2
EUR 17,90 | CHF 24.90
Gott hat Sie erschaffen, um zuversichtlich, mutig und frei zu sein. Frei, Sie selbst zu sein, frei von dem Bedürfnis, sich mit anderen vergleichen zu müssen, und frei, auf Gottes Ziel für Ihr Leben zuzugehen. In diesem Andachtsbuch begleitet Joyce Meyer Frauen mithilfe biblischer Einsichten und praktischer Tipps auf ihrem Weg zu einem selbstbewussten Leben voller Liebe, Lachen und Gottes Annahme ... einen Tag nach dem anderen.

Gott täglich nah sein
Einblicke in die stillen Zeiten von Joyce Meyer
432 Seiten, Hardcover, auch als **eBook** erhältlich
ISBN 978-3-945678-23-7
EUR 16,90 | CHF 23.70
In diesem sehr persönlichen Andachtsbuch hat Joyce über einen Zeitraum von drei Jahren zusammengestellt, was Gott ihr persönlich ins Herz gesprochen hat. Es sind Impulse und Wahrheiten, die auch für Sie gelten! Lassen Sie sich davon inspirieren und erleben Sie, wie eine neue Nähe zu Gott Ihren Alltag prägen und verändern wird.

Dankbar durch den Tag
Tägliche Andachten für mehr Freude im Leben
386 Seiten, Hardcover, auch als **eBook** erhältlich
ISBN 978-3-945678-05-3
EUR 14,90 | CHF 20.90
Wer dankbar ist, geht leichter durchs Leben. Und es gibt so viel Grund, dankbar zu sein! Dieses Andachtsbuch von Joyce Meyer wird Ihnen den Blick dafür öffnen, all das Gute zu entdecken, das Gott für Sie tut. Üben Sie sich im Dankbarsein und Sie werden erleben, wie sich Ihre Perspektive und Ihre Haltung grundlegend ändern, wodurch Ihr Leben an Freude und Leichtigkeit gewinnt. Nehmen Sie dieses Buch täglich zur Hand, machen Sie Dankbarkeit zu Ihrer neuen Gewohnheit und lassen Sie sich von Gottes Liebe begeistern!

Andachtsbücher

Gott vertrauen – Tag für Tag
365 Andachten
544 Seiten, Hardcover, auch als **eBook** erhältlich
ISBN 978-3-939627-38-8
EUR 19,50 | CHF 27.50
Heutzutage setzen viele Menschen ihr Vertrauen auf ihre Lebensumstände, ihren Erfolg, ihre Talente oder die Meinung anderer. Aber Gott bittet uns, ihm unser ganzes Vertrauen zu schenken und das umzusetzen, was in seinem Wort steht. Ein derartiger Lebensstil entwickelt sich allerdings nicht von selbst – wir müssen aktiv darauf hinarbeiten. Wir alle brauchen Hilfe, um gute Entscheidungen zu treffen, Sorgen und Furcht zu überwinden und eine positive Einstellung zu bewahren. Wie das gelingen kann, erklärt Joyce Meyer in diesem Andachtsbuch!

Der richtige Start in den Tag
Andachten für jeden Morgen
390 Seiten, Hardcover, auch als **eBook** erhältlich
ISBN 978-3-945678-03-9
EUR 10,– | CHF 14.–
Gottes Gnade ist jeden Morgen neu. Finden Sie es heraus. In kurzen, knackigen Andachten gibt Joyce Meyer einen Gedankenanstoß pro Tag mit einem passenden Bibelvers und seiner praktischen Umsetzung im Alltag. Herausfordernd, humorvoll, anregend.

Gott hören – jeden Morgen
Tägliche Andachten
400 Seiten, Hardcover, auch als **eBook** erhältlich
ISBN 978-3-939627-29-6
EUR 15,– | CHF 21.–
Wir leben in einer Zeit, die von Hektik und Lärm geprägt ist. Jeden Tag reden viele unterschiedliche Stimmen auf uns ein. Sie lenken uns ab und können verhindern, dass wir auf die wichtigste Stimme hören – die Stimme Gottes. Lassen Sie sich durch dieses Andachtsbuch von Joyce Meyer anleiten, eine engere Beziehung zu Gott aufzubauen und Verhaltensweisen einzuüben, die dabei helfen, Gottes Stimme besser zu erkennen.

Bestellservice: D: **040 888841111** CH: **0848 880011** oder unter **joyce-meyer.de/shop**

Themenwelt: Mit Jesus den Alltag meistern

Hoffnung für schwierige Zeiten
64 Seiten, Paperback, auch als **eBook** erhältlich
ISBN 978-3-948795-07-8
EUR 5,– | CHF 7.–
Machen Sie gerade eine schwere Zeit durch? Gott möchte nicht, dass Sie sich alleine durchkämpfen. Vielmehr verspricht er in der Bibel, dass er immer bei Ihnen sein wird. Deshalb dürfen Sie auch in schwierigen Lebensumständen Gott vertrauen und neue Hoffnung schöpfen. Dieses Büchlein wird Ihnen helfen, neue Zuversicht zu gewinnen. Gott ist der Gott der Hoffnung und er kann aus jeder Situation etwas richtig Gutes machen – auch aus Ihrer!

Trotz allem Gott vertrauen
Wie Zweifel und Sorgen dein Leben nicht erschüttern müssen.
272 Seiten, Paperback, auch als **eBook** erhältlich
ISBN 978-3-945678-19-0
EUR 13,50 | CHF 18.90
Fragen Sie sich auch manchmal: „Wo ist eigentlich Gott? Wie kann ich noch an ihn glauben, angesichts all der Probleme um mich herum?" Mit diesen Fragen sind Sie nicht allein und Gott hält sie gut aus. Joyce Meyer möchte mit diesem Buch den Blick dafür öffnen, dass es möglich ist, Gott jederzeit und in allem zu vertrauen. Mitten in der Lebenskrise. Unter schwierigsten Umständen. Trotz existenzieller Ängste und unbeantworteter Fragen. Entdecken Sie, wie Sie die Stürme und Widrigkeiten des Lebens mit Frieden im Herzen meistern können.

Mach dir keine Sorgen
Die Kunst, seine Lebensängste Gott zu überlassen
208 Seiten, Paperback, auch als **eBook** erhältlich
ISBN 978-3-945678-21-3
EUR 10,– | CHF 14.–
Treffen Sie die Entscheidung, sich im Alltag nicht länger von Ihren Ängsten und Sorgen niederdrücken zu lassen! Sie dürfen Gott vertrauen. Er kümmert sich um Sie und schenkt innere Ruhe in den unmöglichsten Situationen. Joyce Meyer erklärt in diesem Buch, wie Sie Ihre Sorgen auf Gott werfen, aber gleichzeitig Verantwortung für Ihr Leben übernehmen können.

Voller Hoffnung
Erwarte jeden Tag etwas Gutes
240 Seiten, Paperback, auch als **eBook** erhältlich
ISBN 978-3-945678-06-0
EUR 10,– | CHF 14.–
In der Hoffnung auf Gott liegt die Kraft, die Ihr Leben verändert. Eine neue Lebensfreude wartet auf Sie, sobald Sie anfangen, Gutes von Gott zu erwarten. Entdecken Sie, wie Sie sich von Entmutigung befreien und stattdessen Ihre Träume umsetzen können. In diesem Buch gibt Joyce Meyer praktische Tipps, wie Sie Hoffnung im Alltag einüben und auch konkret zum Ausdruck bringen können. Das wird Ihnen die Tür öffnen zu den unbegrenzten Möglichkeiten Gottes.

Wie du dein Leben lieben kannst
Entdecke die Lebensqualität, die Gott schenkt
256 Seiten, Paperback, auch als **eBook** erhältlich
ISBN 978-3-945678-34-3
EUR 14,90 | CHF 19.90
Joyce Meyer, die mit Gottes Hilfe aus tiefstem Elend zu Frieden und Zufriedenheit gelangen durfte, gibt Ihnen in diesem Buch Schlüssel an die Hand, wie Sie Ihren Alltag wieder mit Begeisterung anpacken können. Nehmen Sie einen Perspektivwechsel vor und entdecken Sie die Lebensqualität, die Gott Ihnen schenkt!

Überlastet
Wie Stress Sie nicht mehr stresst
256 Seiten, Paperback, auch als **eBook** erhältlich
ISBN 978-3-945678-07-7
EUR 12,90 | CHF 17.–
Niemand ist immun gegen Stress. Doch wir sind ihm auch nicht hilflos ausgeliefert. Entdecken Sie biblische Wahrheiten und von Joyce Meyer selbst erprobte Lösungen, die Ihnen im Alltag helfen werden, besser mit stressigen Situationen umzugehen. Und denken Sie immer daran: Gottes Hilfe steht Ihnen zur Verfügung!

Bestellservice: D: **040 888841111** CH: **0848 880011** oder unter **joyce-meyer.de/shop**

Die Joyce Meyer Themenhefte

EUR 3,30 | CHF 4.60

Sich selbst annehmen
112 Seiten, geheftet
Art.-Nr. 446781023

Gnade – Gott ist für dich
100 Seiten, geheftet
Art.-Nr. 446781021

Wege aus Mobbing und Ablehnung
88 Seiten, geheftet
Art.-Nr. 446781022

Erlebte Heilung
48 Seiten, geheftet
Art.-Nr. 446781007

Lerne Gott zu vertrauen
56 Seiten, geheftet
Art.-Nr. 446781011

Erfüllt mit dem Heiligen Geist
64 Seiten, geheftet
Art.-Nr. 446781005

Geordnete Finanzen
40 Seiten, geheftet
Art.-Nr. 446781014

Set: alle 7 Themenhefte
Art.-Nr. 446781024
EUR 19,80 | CHF 27.70